经典中的管理智慧

（二）

李柏映 著

孝经·论语中的管理智慧

世界知识出版社

图书在版编目（CIP）数据

经典中的管理智慧．（二）/ 李柏映著． -- 北京：世界知识出版社，2023.12

ISBN 978-7-5012-6622-7

Ⅰ．①经… Ⅱ．①李… Ⅲ．①管理学－通俗读物 Ⅳ．① C93-49

中国国家版本馆 CIP 数据核字（2023）第 092485 号

经典中的管理智慧．（二）
Jingdian Zhong de Guanli Zhihui

作　　者	李柏映		
责任编辑	薛　乾	特邀编辑	杨　娟
责任出版	李　斌		
装帧设计	周周设计局	内文制作	宁春江
出版发行	世界知识出版社		
地　　址	北京市东城区干面胡同 51 号（100010）		
网　　址	www.ishizhi.cn		
联系电话	010-65265919		
经　　销	新华书店		
印　　刷	廊坊市海涛印刷有限公司		
开本印张	710×1000 毫米　1/16　11 印张		
字　　数	107 千字		
版次印次	2023 年 12 月第一版　2023 年 12 月第一次印刷		
标准书号	ISBN 978-7-5012-6622-7		
定　　价	98.00 元（全三册）		

（凡印刷、装订错误可随时向出版社调换。联系电话：010-65265919）

序 言

习近平总书记在布鲁日欧洲学院发表演讲时说："在世界几大古代文明中，中华文明是没有中断、延续发展至今的文明，已经有五千多年历史了。我们的祖先在几千年前创造的文字至今仍在使用。两千多年前，中国就出现了诸子百家的盛况，老子、孔子、墨子等思想家上究天文、下穷地理，广泛探讨人与人、人与社会、人与自然关系的真谛，提出了博大精深的思想体系。他们提出的很多理念，如孝悌忠信礼义廉耻、仁者爱人、与人为善、天人合一、道法自然、自强不息，至今仍然深深影响着中国人的生活。"

中华文明为世界所瞩目，很多西方国家至今不能明白，为什么一个民族的文化可以传承数千年而不断？为什么在古老的东方，后人依然捧读着先人在几千年前留下的经典？这种现象在西方看来是不可思议的。西方真正的科技文明发展时长至今不过五百年，而我们中国已有五千年的悠久历史。

2021 年，三星堆最新出土文物，似乎把中华文明史进一步拉长。更多的思考与疑问随即产生：在这个古老的土地上，究竟还有多少秘密？

目 录

孝经中的管理智慧	1
01《孝经》知多少	3
历代帝王必读之书	4
与六经、六艺的关系	5
02 孝为至德要道	8
为政以德	12
德从何处生	14
为什么孝能生美德	18
如何扎下孝的根	20
03 素其位而行	26
领导者：爱人，敬人	30
核心创业团队：戒骄戒奢	36
中层管理者：善于倾听，敬业敬上	40
核心技术骨干：忠顺	44
基层员工：勤奋上进，谨身节用	48
04 以教化民	51
中国传统管理思维	52
制度管人的弊端	54
行教化的两个条件	56
教化五法	57

论语中的管理智慧　　　　　　　　　　75

- 01 《论语》知多少　　　　　　　　　77
  - 天生仲尼　　　　　　　　　　　　78
  - "《论语》+算盘"的经营模式　　　82
- 02 管理智慧之如何为政　　　　　　　85
  - 修身正己　　　　　　　　　　　　85
  - 仁者爱人　　　　　　　　　　　　92
  - 以德化民　　　　　　　　　　　　94
  - 选贤与能　　　　　　　　　　　　103
- 03 管理智慧之如何做人　　　　　　　111
  - 君子的标准　　　　　　　　　　　112
  - 君子与小人的差别　　　　　　　　116
  - 为何要做君子　　　　　　　　　　118
  - 君子会被欺负吗　　　　　　　　　126
  - 君子会不会失败　　　　　　　　　127
  - 如何做君子　　　　　　　　　　　130
- 04 管理智慧之以仁治世　　　　　　　141
  - 何为"仁"　　　　　　　　　　　142
  - 为何"仁"　　　　　　　　　　　151
  - 如何"仁"　　　　　　　　　　　166

孝经中的
管理智慧

01《孝经》知多少

关于《孝经》,您知道多少?《孝经》诞生在 2500 年前,是儒家最重要的经典之一,全书共十八章,1799 字。具体章节的名字介绍如下:开宗明义章第一、天子章第二、诸侯章第三、卿大夫章第四、士章第五、庶人章第六、三才章第七、孝治章第八、圣治章第九、纪孝行章第十、五刑章第十一、广要道章第十二、广至德章第十三、广扬名章第十四、谏诤章第十五、感应章第十六、事君章第十七、丧亲章第十八。

说起儒家经典,我们通常会提到"四书五经"。"四书"是《大学》《中庸》《论语》《孟子》;"五经"有《诗经》《尚书》《礼记》《易经》《春秋》。这些大家都很熟悉。但对于《孝经》这部书,大多数人了解甚微,因而容易望文生义,简单地将《孝经》理解为就是讲孝道的。这样理解,其实只讲对了四分之一,《孝经》不只是讲孝道这么简单。

历代帝王必读之书

关于《孝经》的作者，素来众说纷纭。北宋邢昺《孝经正义》讲："夫《孝经》者，孔子之所述作也。"从笔法来看，认为这部经典应该是孔子本人的著作，或者至少是由他口述经弟子们记录而成的。

为什么写这部经？吕维祺在《孝经或问》中说："《孝经》为何而作也？曰：以阐发明王以孝治天下之大经大法而作也。"何为明王？圣明的贤王。他们怎么治天下？以孝治天下。怎么以孝治天下？"大经大法"，有大道理，有大方法。这里回答了《孝经》并非是单纯讲孝道，而是明王治天下之经。这部经典并非是大家通常所想的样子，它更像今天的一个词："治国理政"，只是它专门阐述如何用孝来治国理政。

《孝经》在历史上非常流行。"文景之治"时期，官员的考核就开始使用《孝经》了；东晋元帝作《孝经传》；宋武帝、宋文帝讲《孝经》；晋孝武帝、梁武帝、唐玄宗、清顺治帝、雍正帝曾为《孝经》作注；康熙帝诏请百官作《孝经衍义》；宋太祖、宋高宗御书《孝经》。历史上重要的《孝经》注疏多达285部。可以说，这是一部历朝历代帝王必读必用，也是帝王用来考核大臣治国能力的经典。所以，这部经典很有意思，它很像后来出现的《群书治要》《资治通鉴》，它们都是同一类书籍，都是讲"资政"的典籍，只不过《孝经》更偏重于以孝来讲。

与六经、六艺的关系

那么,《孝经》和"六经"有着什么样的关系呢?有一点要注意,"六经"在后世的流传中,《乐经》不幸失传,只剩下"五经",它们都是儒家经典的核心。子曰:"吾志在《春秋》,行在《孝经》。""六经"是法,《孝经》是行,两者之间是这样的关系。"吾志在《春秋》",说的是孔子以《春秋》笔法来写当时的乱世,其实是借此表达对盛世的期望。"行在《孝经》",是指落实、力行、执行方法在《孝经》。总的来说,《春秋》代表孔子的理想,《孝经》代表孔子的方案;"六经"谈的是方法,《孝经》谈的是如何落地践行。

《孝经》和"六艺"也有一定的关系。我们知道,"六艺"具体是指礼、乐、射、御、书、数,这是儒家的根本六科。早先儒家教授弟子开的是私学,"弟子三千,贤者七十二,十哲两圣",主修的科目便是"六艺",与现在的课程很相似。礼、乐是德,育德课;射、御是体,育体课;书、数是智,育智课。由此可见,中国祖先在课程设计的整体性上已经很完善,以德育为先,德智体全面发展。

后人郑玄在《六艺论》中总结说:"孔子以六艺题目不同,指意殊别,恐道离散,后世莫知根源,故作《孝经》以总会之。"孔子说六艺题目不一样,礼是礼,乐是乐,射是射,御是御……各不相同。"指意殊别",各自有不同的特征。"恐道离散",担心后人贪恋这六艺,因欲而忘道,在欲中把道给忘了。"后世莫知根源",后人不知道六门课的根在哪里,所以,用《孝经》"以总会之",把道藏于

《孝经》中,《孝经》是"六艺"的总会。这也就意味着要先读《孝经》,然后修"六艺"。

古代对读书的顺序有所要求:"孝经通,四书熟。如六经,始可读。""四书"也讲求顺序,"四书"之首是《大学》,所以,顺序是《大学》《中庸》《论语》《孟子》。然后去读"六经",即《诗》《书》《礼》《易》《乐》《春秋》。《孝经》作为首读,可见其重要性。如果没有《孝经》做总汇,后人在学的过程中把道给忘了,最后只有记忆和知识,而不知根是什么。

现在的人学习有一个不好的习惯,学知识的人最后没有学以致用,学技能的人最后没有技能。古人是怎么学的呢?"先道后术,以道驭术",是这样的学习方案。《论语》也有讲学习的过程,"弟子入则孝,出则弟,谨而信,泛爱众,而亲仁,行有余力,则以学文"。从伦理教育入手,再学习待人接物,然后才能真正去亲近明师,亲仁和学文。

古人在教育上非常讲究前后次第。因为次第打乱,不容易得到人才。就像盖楼一样,先打地基,再一层层盖楼;地基没有打,一楼没有盖,直接盖二三楼是盖不上去的。所以,很多人问:"为什么我学传统文化,学了那么多还不行?"可能是没有做到"入则孝""出则弟"。

去年,我们学校先是在暑假为学生讲解了《孝经》,后是在寒假学习了《大学》,这个次第就很合适,便于学生契入。先拥有圣贤的思维方式,之后的学习便容易了。日本学者太宰纯说过:"孔子不曰乎：吾志在《春秋》，行在《孝经》？是以后世人主，不读书则已，苟读书者，必自《孝经》始，况下焉者乎？"意思是后来的君主不读书则已，如果要读书，一定从《孝经》开始，何况其他人呢？这就提醒我们《孝经》值得研究。

在这里，我将《孝经》中一些与管理相关的内容分为三讲，大致讲一个概论，望大家对此经典有所了解，以便后面更好契入其他经典。

古代科考共有十三部经典，合称"十三经"。"十三经"之首是《孝经》。"四书五经"共九部，加上《孝经》共十部。后把《春秋》分为三部，《礼》又分成三部，增补《尔雅》，将《大学》和《中庸》合并到《中庸》里，最后成了"十三经"。用今天的概念来说，"十三经"就相当于古代科考的主要教材。

今天的考试主要考查的是语文、数学、英语、政治、物理、化学、生物等科目，古代科考则以"十三经"作为考查内容，这是南宋定下来的。《孝经》作为"十三经"之首，可见其重要地位。

02 孝为至德要道

《孝经》是一堂精彩的管理大课,几乎章章都带着管理之道。

开宗明义章第一

仲尼居,曾子侍。子曰:"先王有至德要道,以顺天下,民用和睦,上下无怨。汝知之乎?"曾子避席曰:"参不敏,何足以知之?"子曰:"夫孝,德之本也,教之所由生也。复坐,吾语汝。身体发肤,受之父母,不敢毁伤,孝之始也。立身行道,扬名于后世,以显父母,孝之终也。夫孝,始于事亲,中于事君,终于立身。《大雅》云:'无念尔祖,聿修厥德。'"

这一章是《孝经》全部十八章内容的总概括。开篇极有意思,刚开始就露出了管理的味道。

"仲尼居,曾子侍",仲尼是谁?孔子。他在家排行第二,依照孟仲叔季，所以名为仲；因出生在尼山脚下，所以起名为尼。曾子是孔子的传人。众所周知，孔门有两圣，一位是曾子，一位是颜回。因颜回英年早逝，孔子后来将所有学问传给曾子，《大学》便是曾子所作。

我们看这段话。有一天，孔子在家里坐着，弟子曾参在一旁侍坐。孔子说："古代的圣王有一种崇高至极之德，要约至妙之道，以它来治理天下，天下人民都会和睦相处，上自天子，下至庶人，都不会相互怨恨。这个大道你知晓吗？"

"先王"指的是尧舜禹这三人，或是尧舜禹汤文武成康这八人。"文武成康"是周朝四代君王：文王、武王、成王和康王。后人有言"宪章文武，祖述尧舜"，说的便是孔子，孔子一直追随的是先王治国的策略，希望回到先前的盛况。孔子说，先王有一个治理天下非常厉害的法宝，那就是"至德要道"，用了能"顺天下，民用和睦，上下无怨"。

很多做管理的朋友颇有疑问，竟然还有这么一个管理方法，用了就能"民用和睦，上下无怨"？之前没听说过，读 MBA 没翻过这种书，上管理学院没看过这种书，没听说过中国人还有这种方法。现在管理课学的是 KPI、质量管理体系等，而中国人自己的管理模式在很多学院没有开过课，少有人听说过还有如此简单的管理模式。所以，孔子问弟子，"汝知之乎？"他询问曾子，也好像在问我们一样。如果是问我们，我们也无从知晓，我们只知道尧舜禹的故事，但是没有亲历过他们所在的时代，不知道真实情况是什么样子的。

曾子避席曰："参不敏，何足以知之？"在这里，曾子的行为代表什么？弟子对老师很尊敬。凡学之道，尊师为先；不尊师，道不传，传也无益。古人非常讲究师生之礼，老师要讲至德要道，曾子马上避席，长揖一礼："弟子很愚钝，怎能知道如此高深的大道呢？"

"何足以知之"，怎么会知道呢？弟子很谦虚，师生之间也很有默契，老师随便一问话，弟子便知道今天将有一堂好课，他得洗耳恭听。所以，为什么孔子那么多弟子，只有曾子得了真传？不仅是因为曾子悟性高，更主要的是他礼敬老师。中国古代求道之人讲究尊师、敬师，后世还有断臂求法、程门立雪等故事享誉世间，都是很了不得的。

随后，孔子开始讲"至德要道"。子曰："夫孝，德之本也，教之所由生也。复坐，吾语汝。""至德要道"就是孝。"夫"，作虚词用。"孝是什么？是一切德行的根本，教化是从这里生发出来的。你回到座位上，我讲给你听。"曾子一听，如获至宝。

如此情景放在今天，在讲到"至德要道就是孝道"时，可能有人不予相信，离席而去。中国文化为什么不容易理解？大道至简，微言大义，看起来简单，老少妇孺皆知，可是有人怎么学也学不会。所以，学传统文化的过程中大家会发现，懂传统文化的人都会说三个字"不知道"，而不懂传统文化的人只会说三个字"我懂了"。简单的几个字，内在的含义差别可太大了。

圣人出言分量很重，不会轻易说话，其措辞都是很细致、很用心的，说出的话都是重中之重。只是圣人的话，子孙未必都能知道。

古人说："子孙虽愚，经书不可不读。"但是，后世子孙不仅愚，还容易轻慢、傲慢，传统文化学不透，弄不明白，结果会上网，学了外语，就觉得自己特别了不起，这是很可惜的。

老师语重心长地为学生讲"至德要道"，故事就开始了。大道至简，此话不假。"夫孝，德之本也"是六个字，"教之所由生也"也是六个字。这十二个字，成了千古名言。

我第一次学习这十二个字是在2007年，至今已学了十几年，但在今天下午备课时，仍然没觉得把这十二字彻底学懂了。可以说，每年看到这十二个字都有新的领会，甚至幻想有机会来个时空之旅，跨越千年去问问孔子这十二个字究竟讲的是什么，我怎么悟了这么些年还悟不透其中真理。

古人的很多言语看似简练，但是实际上得反复实践才可能知道。所以，后人读经典的时候，千万不能把经典给读浅、读简单了，尤其不要望文生义、断章取义。不要轻易说"我知道"。其实，我们不知道。我们要是真知道，那我们的人生就和圣贤差不多了。我们现在喜欢使用白话文，白话文有白话文的好处，但是经典也有经典独特的好处，值得反复品味，更容易铭记于心。

为政以德

"夫孝，德之本也，教之所由生也。"儒家思想主张"为政以德"，以道德教化为治国的原则。

近些年，很多企业开始导入传统文化，用道德教化来治理企业。有人没用过甚至没见过这种方法，所以不知道也不相信。说实话，我很感慨，现代人与历史断开了，大多数人不知道前人是怎么存活的。提到尧舜禹汤文武成康的时代，很多人不敢相信在"成康之日"，国家出现了几十年没有人犯罪的情况。这是道德教化起作用了。

教化的德，首先指向的是自己。这句话在《论语》中的原文是："为政以德，譬如北辰，居其所而众星拱之。"为政实行德治，好像北极星一样，在自己的位置上，其他星辰都环绕着它。一个企业，董事长像北极星，员工和高管像满天的星星，环绕着董事长。前提是董事长为政以德，修身为本。

很有意思的一点是，春秋时期，我国天文学就已经发现了北辰。我们国家科技落后是清朝之后的事，此前在世界上处于遥遥领先的地位。所以，我们对自己的民族文化一定要自信，要珍惜。儒家提出的"为政以德"，经过世世代代的检验，在反复应用中被证明是正确的。

唐朝魏徵在《谏太宗十思疏》中讲过"为政以德"的问题。他说："求木之长者，必固其根本；欲流之远者，必浚其泉源；思国之安者，必积其德义。源不深而望流之远，根不固而求木之长，德不厚而思国之理，臣虽下愚，知其不可，而况于明哲乎？"头两句是比喻，第三句话才是关键。"求木之长者"，想要树木长得繁茂高大，必须稳固根基。"欲流之远者"，想要水流得远，源头要打通。"思国之安者，必积其德义"，想要国家太平，一定要"积其德义"，也就是《大学》说的"亲民，在止于至善"。要通过这样的途径。然后集中论证说，我虽然是一个普通愚蠢的人，却知道根本没有稳固树木难以长高，源头不深河水流不长远，德行不厚国家不能治理，更何况是陛下这样明智的人呢？所以，中国人很早就懂得了德义与为政之间的关系。

今天很多企业总强调用方法管别人，这种方式当然不是错的，但企业是否想过"为政以德"？有的老板说"想过"，想到嘱咐员工要有德。但事实上，不是说让员工有德，而是企业领导人得先有德，有了德才能"众星拱之"。企业领导人带动大家一起有德，"国之安"就出现了。

国家没有德，不会兴盛；人没有德，没法立身。这个观点在国家领导人的讲话中多次出现过，"国无德不兴，人无德不立"，精神文明是一个国家走向强大的根本支撑，道德模范是一个社会崇德向善的重要旗帜。如果一个民族、一个国家没有共同的核心价值观，莫衷一是，行无依归，那这个民族、这个国家就无法前进。这样的情况在我国历史上乃至当今世界都屡见不鲜。所以，我们国家提出24字方针（即社会主义核心价值观：富强、民主、文明、和谐、自由、平等、公正、法治、爱国、敬业、诚信、友善），说的就是做人之德、社会之德、国家之德。

没有文化是会出大问题的。一个民族、一个国家没有德，损人不利己，做出占便宜、侵略其他国家等不义的行为，不会有长远的发展。

"国无德不兴"，企业无德不兴。很多企业做亏心事挣亏心钱，包括疫情期间也出现一些事情，他们真的能赚到钱吗？能有长远发展吗？无德不兴，做企业的要格外注意德义。这些道理如果不做一番品味，那只会是大道理，都是一些概念。欺诈百姓、违反国法、诱惑青少年的，企业都不会兴盛太久。

方太说："伟大的企业要导人向善。"反过来说也可行，导人向善才能成为伟大的企业。可见，德有多么重要。我们今天创办企业、发展生产、治理国家，"德"字非常重要。古人很早明白了德的重要性，没有德是不能治理天下的，没有德就不要再谈其他任何方法了。影响天下太平、影响家庭幸福、影响企业发展的，首先要从德说起。"万物莫不尊道而贵德"，中国人有自己坚持的主张，有自己的文化传承，有自己的坚持、自信。

德从何处生

德放在企业，放在员工身上，表现为爱岗、敬业、团结、守信、廉洁。很多企业都需要这样的企业文化和员工素质，于是把这些话贴在墙上，写在手册里，但是员工好像做不到。很多企业在门口写道："只为成功找方法，不为失败找借口。"到头来还是一成不变。原因是没有看透，没有可行的方法，不知道从哪里开始落实。

办学校，讲求以德为先，立德树人，谈的也是德。都知道德重要，都明白教学生要育德，培养员工要育德，发展企业也要育德，治理国家更是如此。东西方在这个问题上看法一致，可是，德从何处生？圣人告诉我们一句非常重要的话："夫孝，德之本也，教之所由生也。"孝是德行的根本。"木"加一横为"本"，代表大树之根。"教之所由生也"，教化就是从这里开始。也就是《论语》讲的，顺序一定是"入则孝"，然后"出则弟"，接下来才能"谨而信"，再是"泛爱众"，顺序不可颠倒。

当今教育为什么有时让人感觉乏力？就是因为整个次第不对。学生立志很重要，不立志，读书是没有效率的。因此，我们要大力支持从三四岁开始教"入则孝，出则弟，谨而信"。孝道教了，孩子们才会明白。这样教是符合规律的，企业也是如此。要想生出德，得先教孝，"孝为先，孝为始，孝为根"，这是中国文化坚持的重要方法。中国人明白德，同时知道德从孝生。这道理很简单，但是很容易被忽视。忽视会产生什么？求德不着。我们教育孩子，希望孩子有德，却教不出来；我们培养员工，希望员工有德，同样也教不出来。

如果要教孩子，首先从孝开始教。家长问："孝还用教吗？"你提醒说："员工教育得从孝道抓起。"企业家可能回复说："我是做企业的，是抓生产的，怎能抓孝道啊，还是抓爱岗敬业吧。"如此，便是不知道前后的因果关系。今天有多少家庭为孩子德行不足而苦恼，有多少企业为员工职业道德不够而烦恼，却不知圣贤早已告诉我们，所以走了很多弯路。

有人问："李老师，你为什么相信这个？"因为我实践了很多年。2008年我开始教中学生，每年暑假一个班，两周；寒假一个班，一周一天，连续三周。怎么教？用的就是孝。第一天给他们讲孝道，第二天做体验，第三天去敬老院，第四天写行孝计划。每年还会另外办三个月的教师培训班，其中光讲孝道这一部分就要一到两周。教到什么地步呢？所有老师得跟过去"结账"。什么叫结账？如果你在过去对父母有不孝的行为，在师资班里将其一一列出来，然后跟父母道歉忏悔，跟过去告别。这样再往前走，就没有障碍了，就很轻松了。跟父母说一句"对不起"，父母宽怀了，也就没事了。做老师要有师德，如果连孝都没有，怎能有师德？没有师德，怎么做教育？课程结束后还要给父母写信，感谢父母恩情，把从小到大受到的恩情写出来，还要写以后的行孝计划，如何孝养父母，怎么做好准备，要考虑这些事情。

有一年，我作为一所大学的代班老师，就是从孝道开始教起的。孩子们都挺受益，但其中有一个环节卡住了。我说："咱们来做一个分享，分享一段与父母之间难忘的事。"结果，我动员半天没人积极主动，到后来才有两个学生举手。"你们和父母之间没有难忘的事吗？""好像有。""不是好像有，而是一定有。你们想想，父母需要付出多少才能供你们读大学？况且是个不错的大学。你高中时肯定没做过饭，因为来不及。是不是同样也没做过家务？因为没有时间是不是？那么，你上大学的学费是谁给的？都是父母。为了培养你，父母花了多少钱你都没有计算过。你和父母之间没有感动的事情吗？不是没有，而是你没心。当你晚上九点钟放学的时候，是父母在校门口接你；当你早上五点半起床的时候，你的母亲已经把早饭做好了；当你说要上补习班的时候，父母掏一万两万都不带眨眼的，但你想过父母一个月挣多少钱吗？怎么会没有这些感动的事情呢？有啊！"我继续说："你们走向社会，根扎在哪里？你们有奋斗的方向吗？答案是没有。所以，你们会抑郁，会得空心病，会没有志向。因为没有做到'首孝悌，次谨信'，这些基本功都没有，怎么可能有志向呢？"

道理很简单，但现在的教育最大的问题是学生不明白，家长也不太明白。同样，在企业界，企业也不太明白。所以，每年我有带班的课程，我都给他们讲孝道。

2008年带班令我很难忘，当时我教课的水平也不太好，讲课时也没有什么互动，体验都少，就是一面一面地讲，后来发现这么做是不太妥当的。当六天课程结束，第七天父母来接他们时，有对父母一进来，孩子就过去说："妈妈，对不起，我错了。我再也不气你了，以后要好好工作养你。"父母很感动，也很疑惑，就跑来问我："李老师，我们的孩子老是调教不好，怎么到你们这儿一周就调教过来了？你用的什么好方法？"我说："我也没怎么做过教育，以前是给企业做培训的，第一次教助学生，可能是孝道教对了，也就是相信了圣人的话。圣人的话你去用了才知道，不然永远不会明白。"这对我触动很大，从那以后每年办班，我一定是从孝道开始教。

有一年，有个孩子跟我说："老师，我都十四岁了才知道，原来做人要孝敬父母，不孝敬父母，未来会有那么多大坑。"为什么有人找不到人生动力？原因是心里没有父母。所以，圣贤真是太了不得了。

幸福人生靠的是什么？根在孝，展开是德，连接的是美德，美德包括敬岗、爱岗、敬业、团结、廉洁等。一个人想实现幸福人生，没有德行是不可以的，德从孝生发，再由德生出幸福。

各位朋友，你们想过吗？为什么一个孩子在初中就已经叛逆了？是哪一块教育缺席了吗？企业员工的教育为什么做了很多，却不落地、不扎实？你们听过圣贤的教诲吗？过去我们做员工教育买了很多书，例如《没有任何借口》《请给我结果》《谁动了我的奶酪》，诸如此类，然后分发给员工。很多年前，我也买过这些书，书挺好的，但读完就忘了。那些书并非圣贤书，表面看起来是挺不错的，但用不到实处。我们的祖先不是这样的，他们学的是《孝经》《大学》这些书，乍看不懂，看多了就懂了，用多了就更懂了。

为什么孝能生美德

为什么孝能生美德？什么时候有美德？我们重新捋一遍。第一步，古代圣贤追求修齐治平，就是修身、齐家、治国、平天下，这是他的目标追求。然后，希望用德来实现，这是圣贤思想。要注意圣贤社会和现代社会的不同点，我们学圣贤文化，不是简单地仰慕，也不是远远地仰望，而是要慢慢了解圣贤，了解他们是怎么思考问题的。

圣贤的追求是修齐治平，切入点是德，德由心而生。注意，德不是强迫出来的，不是喊口号喊出来的，是由心自然而生的。心，儒家这样谈："人之所不学而能者，其良能也；所不虑而知者，其良知也。"孟子认为，人本来就有一颗善良的、有良知的心，不需要通过学习，本身就有这个能力。"所不虑而知者"，不需要考虑、思索就本能地显现。

上面提到的良能、良知，是本来存在的，是心的本来状态。中国人讲良心、良知，做事问自己的本心就知道了。德就是从本来的良知生出来的，是这样一个关系。那么，如何让良知生出德来？

圣贤的心愿是希望天下人都有德，因为天下人都有德，天下就会太平。每个人都有良知，良知是本来就存在的，开启人的良知，从而达到德的境界，这就是圣贤的思维方式。良知是本来存在的，德是我们希望出现的。

为什么用孝道？因为人一出生，首先看到的是父母，受恩于父母，所以本身就与父母关系最近。四五岁的孩子，你给他讲孝道他是可以理解的；七八岁的孩子，谈到孝道眼泪不自觉流下来了，这是因为天性如此。所以，要借助人本来的天性教出美德，需要有这样的过程。

在这里，我们把"夫孝，德之本也，教之所由生也"做几层理解。第一层，圣贤的追求是修齐治平，民用和睦，乃至天下太平，世界大同，而非普通人只追求自己挣钱自己花。第二层，圣贤明白治天下要以德，国无德不兴，没有德天下治不好。德从何来？人的心本自具足，人都有良知，这是德之道种。圣贤发现孝道最能唤醒人的心，最能滋养人的心性，于是，教孝而生德。

这是中国圣贤的伟大发现，在西方虽然有人讲孝道，但他们不知道孝道如此厉害。有人说："老师，孝道不就是孝敬父母？"当然不是这么简单，圣贤不教，你怎么知道其中深意？孝心一开，百善皆开。

如何扎下孝的根

现实社会普遍存在四种问题。第一，追求了错误的方向。不追求修身、齐家、治国、平天下，而只去追逐世俗的东西，想的都是财色名利，所以不能到达幸福。

第二，忽视德的重要性。古人是爱德如命，把德当作自己的命根子，而现在的人大多是爱财如命。

第三，不知向内挖掘心的本来基础。如果孩子一上学就不断学知识，一再考试，不能真正开启内在的心。培养人才，关键之关键是开发内在的心，研究教育的人如果想不明白这点，教育会很难做。

总说孩子是一张白纸，这话只对了一半。从知识层面来说，孩子确实是一张白纸；从育德层面来说，孩子什么都有而非简单的白纸。总认为孩子很幼稚，但其实孩子内心有很多美好是超过大人的。

第四，不知如何开启新的自信，如何育德。无论对于孩子还是大人来说，育德从孝开始，并且没有终点。父母在时行孝道，父母过世依然感恩无尽。一生行孝道，是一生的人格保证。

这些问题是现代人要去思考的，同样，也是我们和圣贤在思想上产生错位的原因所在。

古人说："先王之道，莫大于孝；仲尼之教，莫先于孝。"尧舜禹汤这些圣明的君王提出的治国之道莫大于孝，圣人的教化也从孝道开始。所以，面对如此深奥的孝道，我们怎么敢说"我知道"？孝，家家有，看似人人懂，但真正懂的不多。它里面蕴含的是治国之道，是心性之道，是立德之道，也是命运之道。

孝分三层：一是"始于事亲"，侍奉父母，做好儿女；二是"中于事君"，为国服务，做好公民；三是"终于立身"，立身行道成为圣贤。可见，孝并不容易。

孝有四层境界，分别是：养父母之身，养父母之心，养父母之志，养父母之慧。这四层都做到位，才敢说孝道做成了。养父母之身要勤劳俭朴，奢侈会败家，不勤劳会贫穷；养父母之心要做到爱与敬，关怀父母，尊敬父母；养父母之志很难，富指的是富足，贵是受人尊敬，你能做到受人尊敬，就称得上是养父母之志了；养父母之慧，即开启父母的生命智慧，需要悲与智。悲代表心疼父母，对生命的根本有了透彻的了解，以此来教育、帮助父母。把这四层做到了，才叫智孝。

我们可以问问自己："孝，你做到了哪一步？"古人说："不孝有三。"具体是哪三种不孝？《十三经注疏》曰："于礼有不孝者三事：谓阿意曲从，陷亲不义，一不孝也；家贫亲老，不为禄仕，二不孝也；不娶无子，绝先祖祀，三不孝也。三者之中，无后为大。"一味顺从父母，即使有过错也不劝说，使他们陷入不义，这是第一种不孝；家境贫穷，父母年老，自己却不去工作来供养父母，这是第二种不孝；不娶妻生子，断绝后代，这是第三种不孝。三种不孝中，以断绝后代为最大的不孝。

孟子也云："世俗所谓不孝者五：惰其四肢，不顾父母之养，一不孝也；博弈好饮酒，不顾父母之养，二不孝也；好货财，私妻子，不顾父母之养，三不孝也；从耳目之欲，以为父母戮，四不孝也；好勇斗狠，以危父母，五不孝也。"世间有五种不孝顺的行为。第一种，四体懒惰不去工作，父母没有依靠；第二种，赌博、酗酒，不养活父母；第三种，贪求财产物资，只宠爱自己的妻子儿女，不赡养父母；第四种，放纵声色欲望，让父母蒙羞；第五种，好勇斗狠，打架斗殴，使父母处于危险之中。这五种大不孝行为，在古代都是可耻的。

曾经发生一起事件，几个男人殴打一个女孩，其背后隐藏的是孝道的缺失。学校和家庭都没有做孝道的教育，人都长到了三四十岁的年纪还不懂何为孝，还要去酗酒、耍流氓，最后全网声讨，使得这几个人的父母蒙羞。类似的社会问题还有很多，其深层原因是没有从小扎下孝根。

我大学毕业在家待了一段时间，工作没有定好，母亲为我着急。母子连心，母亲一着急，我就觉得很对不起母亲，当时就生病了。病了一周，然后我打好行李去了大连，找到工作后特别努力，为的就是让父母放心。

记得刚上班的时候，一个月的工资是四百块钱，我就花两百攒两百，一直攒到春节，一共攒了六百块钱。然后，我花了两百块钱给父母买了礼物，坐卧铺回家后，把剩下的钱交给父母。我说："爸爸妈妈，我上班了，你们看，这是我挣的工资。"爸妈问工资怎么样，我说："工资可多了，你看能剩好几百呢。"事实上，我一个月才挣四百块钱，但是想攒两百块钱给父母，让父母放心。我们当时很多人都是这么生活的，包括结婚也没让父母操心。

现在很多年轻人好像没有这些想法了，这也是我们今天做教育的、当父母的要思考的问题。学习知识以备考大学，这个自然是对的，但是如果孝根没有扎下来，会有无数问题在后面等着。"夫孝，德之本也，教之所由生也。"这句话倒过来理解就是，不教孝道，德没了本，也就无德。所以，孝道必须要教，做教育必须抓孝道教育。如若不教孝道谈立德，那就是空谈。

古人说："欲致天下太平，须从根本着手。图挽犯罪狂澜，唯有明伦教孝。"网上报道的犯罪事件，当事人有谁是赢家吗？答案显而易见。即使施暴者被绳之以法，对于被打伤、毁容的受害者，对于她所遭受的伤害也无济于事。为什么会这样？难道不可挽回吗？九年义务教育，这九年还怕教不好孝道吗？如果从孩子小的时候，学校、家庭都教孝道，社会上将会减少无数的离婚家庭、犯罪事件、叛逆少年和抑郁症患者。这个问题看着很简单，所以被我们轻看了，忘记了前人所说的"先王之道，莫大于孝"。

古人说："天地生人，都有一个良心；苟丧此良心，则其去禽兽不远矣。圣贤教人，总是一条正路；若舍此正路，则常行荆棘中矣。"这段话说的就是孝道。每个人都有良心，良心一丢，和禽兽便差不多了。圣贤指出一条正道，那就是孝道；若不懂孝道，不走正路，就免不了经常走在苦难之中。

《弟子规》说："父母呼，应勿缓；父母命，行勿懒。父母教，须敬听；父母责，须顺承。"这些话如果从小就学得好，长大后到了单位，会转换成"领导呼，应勿缓；领导命，行勿懒。领导教，须敬听；领导责，须顺承"。再到出门见了顾客，又变成"顾客呼，应勿缓；顾客命，行勿懒。顾客教，须敬听；顾客责，须顺承"。这才是我们要培养的人才啊！

这些都是从哪里开始的？从孝道。我就是这么走过来的。我们家没有系统教过《弟子规》，但是有一个家风，就是"父母呼，应勿缓；父母命，行勿懒。父母教，须敬听"。从来都是如此，慢慢地习惯就养成了。我去单位，真的受益于这个家风。有很多老同志年纪都比我大二三十岁，我见着所有前辈都是"应勿缓""行勿懒""须敬听""须顺承"。所以，老同志们都很愿意培养我。有时候领导会说："小李啊，下班有空吗？"我说："有空，什么吩咐？""加个班。""没问题！""小李啊，周六有时间吗？""有的，什么事啊？""过来加个班。""好！"我在单位那会儿都是这样。有时候周末跟领导一起喝茶，听领导给我们指导人生，三四个小时不知不觉就过去了。很多年轻人就是不懂其中的道理，才吃了很多亏。没教养、顶话、挡话，自以为这叫有个性，吃了亏都不知道原因在哪儿。

孝道不仅适合家庭教育，同样适合企业。领导人在企业推行孝道，员工学"孝"，会生发出企业需要的责任心、感恩心、利他心、诚信心等。这些心不就是我们最需要的职业道德吗？员工有了职业道德，企业发展就会落到实处，就不会昙花一现。

我们看，《孝经》是不是一堂精彩的管理大课？其中包含的思想是超越我们过去的认知的。"夫孝，德之本也，教之所由生也"，是我这次讲解的重点内容，不管是职业教育还是学校教育，都离不开这句话。我们要重视圣贤的这句核心话语，同时，我也希望有更多的企业及时开启孝道教育，让更多员工开启幸福人生。

03 素其位而行

当今世界，文化在综合国力竞争中的地位和作用更加凸显，越来越成为民族凝聚力和创造力的重要源泉。博大精深的中华优秀传统文化是我们在世界文化激荡中站稳脚跟的根基。每一个民族都要努力把本民族文化传承给后人，使这个民族走向未来，走向长盛不衰。中华民族有五千年历史，更要把文化传承下来。

到了今天，我们依然可以以孝生德，以德治企，而这样的管理智慧恐怕只有我们中国人才会有。西方的管理书籍，很难看到其中讲孝道和企业管理之间的关系。过去我们学MBA课，主要课程基本都是来自西方管理科学，尤其近两百年来，西方的管理科学繁荣，诞生了很多了不起的管理学家。谈到东方的管理，我们总觉得似乎没有或者若存若亡。其实，中华文化中的很多经典如《孝经》《论语》等，都把管理讲得很通透。

《孝经注疏》这样介绍："述作之旨者，昔圣人蕴大圣德，生不偶时，适值周室衰微，王纲失坠，君臣僭乱，礼乐崩颓。居上位者赏罚不行，居下位者褒贬无作。孔子遂乃定《礼》《乐》，删《诗》《书》，赞《易》道，以明道德仁义之源；修《春秋》，以正君臣父子之法。又虑虽知其法，未知其行，遂说《孝经》一十八章，以明君臣父子之行所寄。知其法者修其行，知其行者谨其法。"这段文字说明了《孝经》的来历。

"述作之旨者"，是怎么出现的？"昔圣人蕴大圣德"，往昔的圣人心怀天下，不希望天下有战乱。圣人出生在春秋这么一个充满掠夺、满是衰亡的时代，王纲失坠，纷争不断，君臣关系也出现错位，礼崩乐坏。这时候，圣人出现了，删《诗》《书》，定《礼》《乐》，赞《周易》，修《春秋》，为了正君臣父子之法，让社会的基本关系回归。把这些做完，感觉大家虽然知道了方法，但不知道如何去操作，遂说《孝经》一十八章。

写这部书为了什么？"以明君臣父子之行所寄。"我们该如何把规范改过来，明确什么才是正确的行为。知道这些方法和道理，还照此去做，叫知行合一。所以，《孝经》的出现不是偶然，一部关于孝的经典，它是为时代而作。

那段历史用四句话形容，叫"周室衰微，王纲失坠，君臣僭乱，礼乐崩颓"。用现代话来说，就是企业管理不善。如果把当时的周朝变成一家大企业，一家上市公司，其管理极为混乱。面对管理机器混乱的现状，孔子提出了整套的治理方案。这个方案就是《孝经》，所以《孝经》这部经典，读过的朋友会知道它不是单纯地说孝道，它也在讲管理。

"君臣父子"，在朝堂叫君臣，在家就叫父子，也就是齐家和治国的问题，家要齐，国要治，写明了他们的行之所寄。应该把这个理出来，不只是指出问题，也不只是抨击问题，更主要的是解决问题。所以，圣人总是去解决问题的人，总是提出正确解决方案的人，而这个方案就是经典。

所以，"明君臣父子行之所寄"，开篇就说起，开宗明义章第一之后接连五章，天子章第二，诸侯章第三，卿大夫章第四，士章第五，庶人章第六，分别论说这五个阶层的行为法度是什么，提出当时社会的一个支撑框架，这个思想在今天依然值得我们借鉴。

天子章，一个国家最高的领导者叫天子；诸侯章，高层领导者有独立的封地，齐、楚、燕、韩都算；卿大夫章，中层管理者也是有产阶级；士章，士是当时社会的知识分子；庶人章，庶人是基层民众。圣人是以孝来说，把这五个阶层该做什么不该做什么，有个总体的描述，也就是当时社会五个阶层整个行为的法度和规范。

反过来说，当时社会为什么混乱？因为各个阶层不在其位，乱了，天子不像天子，大夫不像大夫……而这个混乱导致受伤害的是所有人，不是某个人，圣贤不忍心看到。

"周室衰微，王纲失坠，君臣僭乱，礼乐崩颓。"圣人对整个社会提出治理方案，首先是五大阶层应该怎么规范整体行为的问题，什么才是合理的行为，把整个社会梳理了一遍。

这个治理方案，核心说的是什么？借用《中庸》一句话："君子素其位而行，不愿乎其外。"五个字叫"素其位而行"，用现代话说，就是守好你的本位，做好和你本位相称的事。"素"就是本来的意思，"素其位"就是你在这个位置上的本分，本来而行。"不愿乎其外"，不要去羡慕、侵入那些本位之外，那些不属于你的东西。你该做什么就做什么，不要乱其位，要摆正自己的位置。换句话说，诸侯摆正诸侯的位置，大夫摆正大夫的位置，这样就好了。不乱其位就没有灾祸，否则，你现有的保不住，还会引来很多祸患。

"君子素其位而行"，这句话不仅适合于古代，同样适合于今天的企业管理。每个企业人都是职业人，职业人要如何做到"素其位而行"？这是现代企业管理中的一个问题。

做个比喻：天子就像今天企业的一家之主，董事长、总裁这个身份；诸侯像董事、像大区总经理、像副总、像总监级有决策权的人；卿大夫像中层管理者，如研发部、制造部、销售部、财务部、人事部的经理，有一定权限，要独立担事；士相当于核心技术人员，技术骨干，高工，工程师；庶人相当于基层员工。

企业

天子章	董事长、总裁
诸侯章	董事、大区总经理
卿大夫章	中层部门管理者
士章	核心技术骨干
庶人章	基层员工

这个架构很像我们今天的企业，想走向管理相对成熟，也要思考如何"素其位而行"。《孝经》给我们提供很多参考，我们当然不用原样照搬，因为毕竟相隔千年，春秋时代和现代社会已经不一样了。但是，其中很多治理思想很有参考价值，可以借鉴。

如果企业内部各个层级的人员都能各安其位，能德配其位，能素其位，这个企业就是一个相对完美的组合，必然进入高效发展。就像一部车一样，轮胎在轮胎的位，方向盘在方向盘的位，离合器在离合器的位，这就是一部好车。企业速度起不来，是因为错位、缺位、乱位，每个人不知道自己在这个位置该干什么。

领导者：爱人，敬人

天子章第二

子曰："爱亲者，不敢恶于人；敬亲者，不敢慢于人。爱敬尽于事亲，而德教加于百姓，刑于四海，盖天子之孝也。《甫刑》云：'一人有庆，兆民赖之。'"

对于企业管理者，有什么借鉴意义呢？

它提醒我们，作为企业当家人、董事长、总裁，你要学会"爱敬尽于事亲，而德教加于百姓"。为什么？东方人的管理思维和西方确实不大一样，天子章讲一把手，核心是这段话："天子以何治天下？以心治天下。"一把手以心治企业，不是单纯发号施令，而是用两种心：爱人之心和敬人之心。如果你心中有爱人有敬人就会得民心，知道爱人敬人，企业就会有人拥护你，就会有人来和你共事。

爱人、敬人，是你的专业要求，以此治企业，员工会拥护你。员工有家，他也追求安全感。如果遇到一个老板不爱人，员工心不安。企业招聘，来了十个大学生，努力奋斗了五年，都干得挺好，年年发个奖状。有一天，老板不高兴了，裁掉三个，剩下两个肯定害怕，你再怎么安他们的心，那两个还是会认为明天裁的就是他们，他们就得找退路了。什么叫管理？管理是爱人和敬人的智慧。这是我们中国人提出来的。

古往今来，那些有声誉的君王在爱人和敬人上，都让我们非常赞叹。有一年闹蝗灾，太宗李世民亲赴一线，到田间捉起一只蝗虫着急地说："蝗虫啊，你不能再吃了，你再吃的话，我的子民就饿死了。"说完，把蝗虫吞进了肚子里。百姓很感动。隋末为什么天下大乱？隋炀帝穷兵黩武，修运河，穷奢极欲，百姓怨声载道。当隋炀帝不爱子民的时候，社会就乱了。国家、企业都是这样。

不得人心，没法治理企业；不敬贤士，得不到人才。"爱亲者，不敢恶于人；敬亲者，不敢慢于人。"一个领导者爱人、敬人的智慧，是从爱亲、敬亲开始的。所以，我们中国人讲齐家和治国。爱亲、敬亲，不敢恶于人，不敢慢于人，涉及治国的智慧。

在中国人看来，修身、齐家、治国、平天下，四者是合一的，不能修身就不能齐家，不能齐家就不能治国，这是中国人的智慧。

从修身、齐家能看出你管理的基础和修为，因为爱亲的人对别人也不会憎恶，敬亲的人对别人也不会傲慢。爱敬心生起来了，这个心是相连的，家里家外是同一种心。

今天很多企业普遍遇到一个困境：管理干部不好选，原因就是年轻人受过严格的爱亲、敬亲教育的不多，搞个技术还行，真的走上领导岗位，不会带队伍，很容易出问题。基本功太薄弱，在年少应该学孝道、扎孝根的时候，没有受过这方面的教育，只会考试。一位真正优秀的管理人才，是从孝亲做起的。

我记得有一次坐飞机，旁边一位老大娘，很明显是农村妇女，没出过远门，第一次坐飞机很害怕。儿子看气质很年轻，是一位大学毕业生，就像对待宝宝一样哄着妈妈，帮妈妈系安全带，安慰妈妈，告诉妈妈别害怕，飞机一会儿就到了，一路陪妈妈说话，对妈妈各种细心。我的内心有一种说不出的感动。不用想，这个孩子到了单位肯定有出息，他对自己的妈妈都如此呵护，做管理不用领导担心，因为他内心有爱敬。

我当年办中学生班的时候，遇到过相反的情况。有个孩子不听话，在班里对我还好，但是一见到父母，说话都是恶生恶气的。我看了很不舒服，把他叫过来，说："孩子，你这是没出息啊！你除了对你妈妈爸爸耍威风、发脾气，你还会啥？你到社会上谁理你啊？你准备'啃老'啊？'啃老'有面子吗？今天你不孝敬父母，明天保准要栽跟头，不信你试。你要赶快反思，好好在班里学习。"还好，我们劝他、教他，后来他自己明白了，改过来了。

爱亲、敬亲是修身的功夫，有了这个功夫，到了社会上，自然就不敢恶于人、不敢慢于人。因为如果恶于人就会失去民心，如果慢于人就会失去贤士，这样天下就会大乱。在企业也是这样，领导者如果恶于人，就会失去员工的心；如果慢于人，就会失去真正的人才。企业做不起来，根本原因是我们自身修身的功夫不到，这一点我们可能想不到。有人说："我对父母挺好的，我挣钱给他们花了。"这不算，爱敬才算。

孔子说："今之孝者，谓之能养。至于犬马，皆能有养。不敬，何以别乎？"有人说，孝道就是给父母钱，赡养父母，可家里养匹马养条狗，你也是养呀。不尊敬父母，孝父母和养犬马有什么区别呢？

现在很多大学生不了解这些，和父母的关系这关没有过，在外面要吃大亏。找不到方向，找不到理想，不能吃苦，事业上一堆问题，越做越艰难。什么原因？大树没根，缺了最基础的从年少起爱亲、敬亲的一堂课。

这里是有关联的，不懂爱人、敬人的人很难成为优秀的领导，这个心不容易改，也伪装不了。有的人一辈子做不好管理，也不知道真正的原因。管理不是简单的一种方法，它是心，是心性，重要素养就是爱人和敬人。有这样素养的领导，员工才心生向往，愿意和这样的人在一起共事。仁爱之主，礼贤下士。

所以，一个人在爱人和敬人上受过什么样的教育，跟他做管理关系很密切。"爱敬尽于事亲"做好了，自然就会爱人、敬人，就会德教加于百姓。如此，管理已经完成一大块。

我们过去学了很多管理方法，却没有想到管理的深层是在心性。成年人在工作中的所言所行，与其内在世界息息相关，不是现学现卖的。所以，为什么管理这么难学？不是管理方法难学，是心性难修，而且很多心性的修炼都是童子功。

我们这个教育行业，更是如此。老师如果不爱孩子、不敬孩子，不可能把孩子教好。那么，老师爱孩子、敬孩子是校长逼的吗？是拿摄像头监控出来的吗？不是，是年少时修出来的。所以，师范毕业生在家中没有受过爱亲、敬亲的教育，以后不管考什么证，这辈子都很难成为一个真正优秀的好老师。不是文凭不够，是心性不足。

很多人在一些事情上为什么迷茫？哪里出问题了？圣人给出的建议就是："爱亲者，不敢恶于人；敬亲者，不敢慢于人。爱敬尽于事亲，而德教加于百姓。"从这里开始，简单明了，守住根本。做到这一点，就可以"刑于四海"，你的修身功夫到了，百姓爱戴你，员工依靠你。

《甫刑》云："一人有庆，兆民赖之。""一人"特指天子，"庆"就是善业、善心、心性，"兆"代表民众。天子有了大善，大善的心性会让民众共享激励，可以获得长久的安宁。

我们的企业也是"一人有庆，兆民赖之"。想经营好企业，首先做好董事长。如果董事长不学习，不提高心性，企业很难发生根本性的改变。所谓企业和企业之间的差距，往深层说，就是企业家和企业家之间的差距；再往深层说，就是企业家和企业家心性的差距。

"家有千口，主事一人""千金易得，一将难求"。董事长太重要了，所以，方太集团在杭湾书院要培养青年企业家。我们对这个非常重视，未来中国不缺硕士生、博士生，而是缺少商业领军人物。这种爱人、敬人，有大智慧的企业家特别不好找，特别稀缺。

今天我们对孩子的培养在知识、学历上用功，很少进行心性训练，我们不懂真正的杰出人才，真正的核心能力是两个字——心性。心性有什么用？心性表现出来就是理想、境界、情怀、胆识……这些都关乎心性，地基就是孝亲、爱人、敬人。

稻盛先生说过，企业的问题说到底是企业家心性的问题，企业家有什么样的心性，就会做成什么样的企业。儒家讲"爱敬尽于事亲"，就是这样来提高心性。

我们只有在面对父母时，这颗心才能显露出来。周末，我回老家看父母，很惭愧。回来后和同事聊，我说："如果孝道是100分的话，我只能打51分，刚刚能过一半而已，我以后还得继续努力。"在面对父母的时候真的是没有做到，心性上还有很大的差距。这不是谦虚之词，虽然在家中很听话，母亲说什么我就做什么，姐姐说什么我就做什么，从来没有怨言，没有反对，但是姐姐没有想到的我也没想到，不主动，不提前去想。所以，还做得远远不够，尤其在养父母之慧上还没有做好。这颗心努力了很多年，也就"父母呼，应勿缓""怡吾色，柔吾声"能做到。跟父母说话从来不顶嘴，每次都是微笑，这倒是做到了，再往深去就没做好。所以，提升心性是一生要走的路。

这章言简意赅，用四个字总结：爱人敬人。从哪里修起？爱亲，敬亲。以爱人和敬人的心去面对员工，起步就对了，就会成为一个好领导，因为管理本身就是爱人和敬人的智慧。领导得民心、得人才，企业怎能不兴盛？

离开国企之后，我在民企工作过一段时间，我对很多民企是有很多担心和遗憾的。人心冷漠，职场没有温暖，导致企业缺乏效率，大家几乎是互相利用的关系。所以，少有机会谈奉献、谈热爱工作，只能谈钱，互相要钱，只能如此。彼此没有安全感，不能互相信任。

后来，从事企业管理之后给企业上课，我反复倡导这些，倡导了很多年，好在今天很多企业家明白了，他们开始修身。凡是注重修身的企业家，企业变化非常大，效果显著，这是我们中国人开拓的管理智慧。

核心创业团队：戒骄戒奢

诸侯章第三

在上不骄，高而不危；制节谨度，满而不溢。高而不危，所以长守贵也；满而不溢，所以长守富也。富贵不离其身，然后能保其社稷，而和其民人，盖诸侯之孝也。《诗》云："战战兢兢，如临深渊，如履薄冰。"

诸侯身份可不一般，有产阶级，高层管理者，相当于今天的董事、大区总经理。圣人提出"在上不骄，高而不危；制节谨度，满而不溢"。

在企业立下功勋，如今身居高位的创业团队核心成员，最有可能出现两个危险："骄"和"奢"。创业时还好，一成功就守不住。这个"骄"会让这些董事、老股东不恭敬，不遵守企业制度，不倾听下属建议，不思进取，居功自傲，带头破坏企业。

这种不恭敬会给企业带来内耗、内乱，这就是骄，居功而骄，就危险了。《道德经》说："功成名遂身退，天之道。"不要贪图这些东西。所以，"厚而不能使，爱而不能令，乱而不能治，譬若骄子，不可用也"。这是注定的。

这些高级管理者，不再能跟上企业发展的步伐。如果对这些人过分厚养、过分仁爱而不能调动，违犯了纪律也不能严肃处理，这就好比被惯坏的人一般，不能再用了。这是一家企业，不是哪个说了算、哪个说了不算的事情。尽管有《公司法》规定了股份问题，但不能只是靠法律，还要靠这些核心人员的智慧。

做一个有智慧的人，守住你的本位。如果在你身上出现了"厚而不能使，爱而不能令，乱而不能治"，要先向董事长学习，职业人要心里有数。先学习董事长的美德和智慧，再循序渐进地发挥专业才能。

创业元老应该在企业扮演好什么角色？这是一个很现实的问题。我认为第一个字叫勤，第二个字叫德，其他不用管，放手让年轻人干。勤不是说活儿干得必须最多、最勤奋，而是顺着走就行，更关键的是德。德高者，名自高。

老人、功臣千万不能居功自傲，要保护这家企业，成为企业德的象征，员工会更加敬重你。然后，再鼓励年轻员工，我们老了，未来交给你们干了，员工就很高兴。为老不尊，这是大忌。老要有老的样子，否则，你会失去你的位置。能守住受人尊敬的位置，叫"长守贵也"。

历史上有个人叫郭子仪，非常了不得，值得我们学习。他是中唐名将，当年武举人高第入仕从军，正赶上"安史之乱"。任朔方节度使，率军收复洛阳、长安两京，功居平乱之首，进位中书令，后被封为汾阳郡王。到唐代宗的时候，又平定仆固怀恩叛乱，并说服回纥酋长共破吐蕃，朝廷赖以为安。戎马一生屡建奇功，大唐因他而获得安宁二十多年，他在唐中后期称得上是福禄功德第一人。历史评价他"权倾天下而朝不忌，功盖一代而主不疑"，享有崇高的威望和声誉，一直活到85岁，谥号"忠武"。

在历代朝臣当中，郭子仪是后人学习的典范。他为人极谦和，得以寿终正寝。他功劳那么大，但是从来不居功自傲。能做到这一点很不容易，不被皇帝怀疑，众人还这么爱戴他。

后世乾隆皇帝说："自古大臣出将入相，为国安危者，必有忠诚之德，经世之才，有以扶危安邦定国，然后立非常之功，万世之业。汉之孔明，唐之子仪，信其人也。二公以忠正老成，为当世人望，加以非常之才功盖天下，是故亮殁而汉亡，子仪存而唐复。"评价两个大人物——诸葛亮和郭子仪,这两个人不仅功勋大,而且能够善终,能够安享晚年,能够高而不危,这很了不起。"高而不危",在高位上有威望,但要小心谨慎。这是骄的问题。

古人主张"制节谨度""满而不溢"。《韩非子·十过》记载,秦穆公有一次问由余:"你说,古代君主使国家兴盛和覆亡的原因是什么?"由余回答说:"由于勤俭而使国家兴盛,由于奢侈而使国家覆亡。"后来,唐朝诗人李商隐取其意,写成《咏史》。诗中写道:"历览前贤国与家,成由勤俭败由奢。"公司创业成功,"诸侯们"也要勤俭持家,正常生活要保证,但不宜奢华。一奢华,不思进取了,骄奢淫逸了,企业保不住,要出问题。古人是很有经验的。

司马光在《训俭示康》中专门论述:"俭,德之共也;侈,恶之大也。""君子寡欲,则不役于物,可以直道而行。君子多欲,则贪慕富贵,枉道速祸。"美德由节俭而来,而奢侈因果很大。有人说我有钱,关你什么事?这关乎心性,一奢侈,心性往下落。

君子寡欲,欲望不要大;不役于物,不会被物质世界给困住。这个"役"是奴役、劳役的意思。不会被困住,就会直道而行,做事就会思考"道"。冲破物欲的束缚,坚守大道,企业就不会有问题。

很多企业的崩塌,就是领导者被欲望冲昏了头脑,决策失误而导致的。人能发财不容易,发财后能守住简朴更是高人。如果多欲,则贪慕富贵,着急发更大的财,脑子乱了,结果枉道速祸。

何为枉道?就是不能坚守正道,和道相悖。何为速祸?快速奔向灾难。"不役于物,直道而行;贪慕富贵,枉道速祸。"不是说让你不好好生活,也不是让你装穷,是让你能守住那颗心,守住那颗平和、平淡、简朴的心。有了权而被欲望束缚、伤害,这是高层管理者要注意的。不骄不奢,就能长守贵、长守富。

作为大区经理,作为董事,作为创业元勋,怎样做才能不骄不奢?在企业中要带好这个头,做好这个位置,不要越位,不要错位。

中层管理者:善于倾听,敬业敬上

卿大夫章第四

非先王之法服,不敢服;非先王之法言,不敢道;非先王之德行,不敢行。是故非法不言,非道不行。口无择言,身无择行。言满天下无口过,行满天下无怨恶。三者备矣,然后能守其宗庙,盖卿大夫之孝也。《诗》云:"夙夜匪懈,以事一人。"

"先王"指的是古代君王,也可以当作你的大领导。简单来说,就是要善于倾听领导的话,不是领导说的别乱来,要知道自己的位置。

有一次我出去讲课,有年轻人跟我说:"李老师,我有一个烦恼。""什么烦恼?""为什么我的想法总是和董事长的意见不一致呢?我很烦恼。"我说:"你都乱套了,你们董事长是创业的,你是被他招聘进来的。都听你的企业就完了，你担负得起吗？""我担负得起。""你有什么能力？你吃过那个苦吗？你的想法和董事长意见不一致，这就对了。先听董事长怎么说，人家把企业做这么大，一定有他的长处，先好好向人家学习。"

"非先王之法服，不敢服。"一个人在什么位置不是偶然的。你能做卿大夫，能做一个中心部门的经理，一定有过人之处，也一定有你的不足之处。如果你真是董事长的料儿，早晚能够创业成功。你不是那块料儿，你创业也不行，还得回来给人做部门经理。所以，部门经理有部门经理的德，"素其位而行"。没有驱动你的才，没有展示你的才，不用觉得委屈，领导过两天就会提拔你的。老不提拔，有原因的，你自视过高，没有自知之明。

作为部门经理，你是离董事长很近的人，可以参加公司高层会议，不能等董事长亲自指挥。董事长把公司政令传达给你，你要听懂，听会，会听。

一个会听的部门经理，是非常优秀的部门经理。我做员工做过很多年，做中层也做过不少年，现在做校长也做了不少年。切身的感受和大家说说，找一个非常听你话的中层得花好多年，大多都不能理解你，容易误解你。有时不仅误解，还错用了，错事就发生了。这在中华文化中叫"师心自用"。

最好的中层是保护、支持、拥护领导的，是不敢轻易乱作主张的。把话听好做好，已经很了不得了。为什么要听话？听话就能知道领导的本意是什么，能和领导靠近，首先你是称职的，而且后期有成长的空间。要先学会做学生，做董事长的学生，学他的优点，先听人家的话，从话中听出学问来，人家怎么处理这个事，细微之处是不一样的。

有一次我到外地出差，一个朋友让我帮他看一下企业，我寻思是老朋友了就去看看吧，企业也有一些现实问题需要一起商量。看完了，中午吃饭的时候，朋友找了几个部门经理作陪。我和董事长在一起闲聊，我俩正聊得热闹，来了个部门经理。他在对面总插话，插得我俩很不愉快。你是来作陪的，不是让你来说话的，听话都不会听，怎么当部门经理？讲这些，不是要你唯唯诺诺，而是要你好好学。

和大家分享两个古人的故事。

第一个故事，"萧规曹随"。汉惠帝二年（前193年），萧何去世，临终推荐的贤相只有曹参。曹参接替萧何，做了汉朝的相国，对萧何制定的规约没有任何改变，完全遵守。比如，选拔郡和封国官吏的标准是：呆板而言语钝拙忠厚的长者，就召来任命为丞相史；说话雕琢严酷苛刻，竭力追求名声的官吏就斥退。汉朝刚刚建立时，人民饱受战乱之苦，迫切需要休养生息，发展经济。萧何顺应民意，制定了一系列鼓励人民生产的积极措施。到了曹参当丞相的时候，大的社会环境还是如此。曹参审时度势，采取无为而治的策略，遂有了"萧规曹随"的佳话。不改革，听萧何的。萧何走了，我照着做。为什么？社会环境没有变，还得这么干，不要乱动。有时候不改，刚刚好。

第二个故事，跟曹参的儿子有关。曹窋（zhú）任中大夫，惠帝责怪相国不治理国事。曹窋休假回去，乘机劝谏父亲，父亲很愤怒，用竹板打了儿子200下。曹参说："你赶快入朝侍奉皇帝，天下事不是你应当议论的。"到了朝拜的时候，惠帝责备曹参，为什么要给曹窋处罚？曹参摘下帽子谢罪："陛下自己考察，和高皇帝比，哪一个圣明英武？"高皇帝就是汉高祖刘邦。惠帝说："我怎么敢和高皇帝比？"曹参又说："陛下看我的能力和萧何比，哪一个更强？""好像你比不上萧何。"曹参说："陛下说得对。高皇帝和萧何平天下的典章制度已经明确，现在陛下垂衣拱手而治，我这类人恪守职责，遵循前代之法，不是很好吗？"惠帝说："好，那你回去休息吧。我明白了。"

这个故事是说，前面已经做得很好了，别乱来，更不要有邀功之心。很多部门经理老想立功，其实，有时候守一守就能立功，别着急动，看懂了再动，要谨慎。大夫的事情并不是着急改革，而是先听懂领导人的话，适时提供一些建议就可以了。中层部门经理不要自视过高，要有自知之明。

曹参很了解自己，自己不如萧何，天下还是那个样子，那就按萧何定的办吧，何必要改？儿子瞎整："父亲，您怎么不治理国事？""治理什么？还要怎么治理呢？再治理全乱了。"传承下来就不容易，先传承。还没传承就想创新，还没听懂就想有作为，这不行。想大有作为，要善于听圣人的劝告。

《论语》说："君子有三畏：畏天命，畏大人，畏圣人之言。小人不知天命而不畏也，狎大人，侮圣人之言。"凡是君子，有三种敬畏。何为天命？天意，时运。何为大人？就是伟人、领导人。何为圣人之言？圣贤所传的经典。读《孝经》，敬畏；读《论语》，敬畏。"小人"不是坏人，是小人物的意思。"不知天命而不畏也"，不知道时运和天命如何，没看准，妄下断言，胡说八道，不知敬畏。狎大人，嘲笑那些伟人、领导人，年少轻狂。侮圣人之言，轻慢侮辱圣人的经典，这是要吃大亏的。

要向圣人学，因为天命在那里，多听百姓的声音，多听百姓的期盼、不满，都是在人心。"夙夜匪懈，以事一人"，要有这种精神，勤勤恳恳，不乱来，先练听话，再提建议，将来有机会再谈创新，别着急，听话能练好都不容易。听懂你直接领导的话不吃亏，他既然当你的领导，不是偶然。

核心技术骨干：忠顺

士章第五

资于事父以事母，而爱同；资于事父以事君，而敬同。故母取其爱，而君取其敬，兼之者父也。故以孝事君则忠，以敬事长则顺。忠顺不失，以事其上，然后能保其禄位，而守其祭祀，盖士之孝也。《诗》云："夙兴夜寐，无忝尔所生。"

这属于企业技术骨干的层面、知识分子的层面，很像大学毕业生的状态。拿着高学历到企业来了，挺好，你是士层。"以孝事君则忠，以敬事长则顺。忠顺不失，以事其上。"记住，这是你的原则。

像对待父母一样对待你的领导，这是忠。像尊敬长辈一样尊敬长者，那是顺。"忠顺不失，以事其上"，你在企业中就会立足。凡是学忠顺的年轻人，起步非常快。忠，爱这家企业；顺，尊敬长辈。一个不懂得忠于自己企业的人，不是称职的职业人；一个不懂得尊敬长者的年轻人，很难获得长者的栽培。

我刚到企业上班的时候，负责给处里发工资，1994、1995年工资都发现金。当时我们在五楼，一楼有个老同志管录像室。每次发工资，我们科长就说："小李啊，你给老赵把工资送下去。"大家都来领工资，怎么就老赵需要去送呢？王部长说了一句："老赵是咱们处里年岁最大的，他上五楼不方便。"我一听，明白了，马上就送下去了。以后每月发工资，我都负责给老赵送，养成规矩了。顺，不要老人爬楼，年轻人爬楼行方便，那时就这样。

那段时间，企业让我们写文章，写如何爱这个企业。写完，企业一看，挺好，就提拔我们。确实很快，三五年就提拔起来了。为什么？"忠顺不失，以事其上。"对工作也是兢兢业业，领导看我们那么敬业，特别喜欢我们，什么好事都给我们，我们成长就很快。

当时，"忠顺不失"拼到什么份儿上？跟大家分享一下往事。我工作第一年就获评全公司劳模，全公司300人，评两个先进劳模，我是其中一个，大家投票选的我，实际就是我工作特别勤奋，领导特别喜欢我。劳模评选以后补了三个月工资，公派旅游两天，之后就提拔了。当时也不知道是啥原因，现在回头看明白了，圣人说得对。

"故以孝事君则忠，以敬事长则顺。忠顺不失，以事其上，然后能保其禄位，而守其祭祀，盖士之孝也。"读书人初离学校和家庭，踏进社会为国家服务，还未懂得公务的办理，若能以事亲之道，服从领导，竭尽心力把公事办好，这便是忠；对于同事，对地位较高、年龄较大的长者以恭敬的态度处之，这便是顺。

士的孝道，第一，要对奉事领导尽到忠心；第二，要对同事中的年长位高者和悦顺从，多多请教，自然会成为很好的干部。如果这样做了，忠顺二字不失，自然禄位可以巩固，光宗耀祖的祭祀也可以保持久远。这就是士的孝道。

"夙兴夜寐，无忝尔所生"，这句话出自《诗经·小雅》。初入社会做事的小公务员，早起晚睡，上班不要迟到早退，怠于职务，让父母蒙羞。千万不要邋邋遢遢的，到点也不来，下班走得很快。感觉你很精明，但三年以后你就明白了。我们那时候上班，领导不走我不走，领导加班我陪到底，都是这样。

我给领导当过秘书，为了改一个稿子，我们相约凌晨三点到公司。司机先来接我，又去接领导。领导在隔壁用手写，我在这边用电脑打，边写边打，干到早上七点把稿子赶完，八点半开会用。

公司有一次开大会，我三个晚上没回家，每晚只睡两个小时，就陪着我们领导。第一个晚上，本来我都到家了，单位来电话，说是客人到了，资料没整完，我就赶快返回去。干完了，天快亮了，眯一觉接着上班。第二个晚上，收集材料又只睡两个小时。第三晚，我困得不行了，领导喝醉了，在办公室走不了了，我只能陪着，领导睡沙发，我睡地板。听着领导打呼噜，害怕他出问题，又折腾半宿。后面领导清醒了，扶他回宾馆，他来劲儿了跟我聊天聊到天亮，把我困得够呛。三个晚上睡六个小时，这是夙兴夜寐，但是后来我提拔得也很快。没有什么怨言，给你机会，让你有夙兴夜寐的机会，你不是人才，领导还不这么用你。我不知道今天的年轻人还有没有这个作风，能不能吃这个苦，老想挣大钱，想上高位，问问自己，你有过夙兴夜寐吗？

《弟子规》说："或饮食，或坐走，长者先，幼者后。"这是好习惯。"称尊长，勿呼名；对尊长，勿见能。路遇长，疾趋揖，长无言，退恭立。"对长者恭恭敬敬。"骑下马，乘下车，过犹待，百步余。长者立，幼勿坐；长者坐，命乃坐。尊长前，声要低，低不闻，却非宜。进必趋，退必迟，问起对，视勿移。"这些规矩要学，这才是真本事。没有良好的素养，只谈个性，是要吃大亏的。要听老人的话，听前人的话，我也是这么走过来的。

基层员工：勤奋上进，谨身节用

庶人章第六

> 用天之道，分地之利，谨身节用，以养父母，此庶人之孝也。故自天子至于庶人，孝无终始，而患不及者，未之有也。

"用天之道，分地之利，谨身节用，以养父母。"对于一个农业大国，平民的孝道，就是利用四时的气候来耕耘收获以适应天道；分辨土地的性质来种植庄稼，生产获益以收地利之果；同时，还要谨慎地保重身体，节省用度，不要把有限的金钱做无谓的消耗。财物充裕，食用不缺，父母一定很喜悦，这就是庶人的孝道。

放在今天，庶人就是普通员工层，对普通员工的要求是勤奋上进，谨身节用。年轻人上班以后要把握每一个机会，先别谈工资，先谈成长，多担当。钱攒下来不要乱花，不要做"月光族"，那都是错误的。工作努力，生活节俭，将来会有出息。攒了钱能做许多事，比如把房子买好，就没有后顾之忧，下一步再想创业就好办了。攒钱、攒本事，年轻的时候不攒本事，人到中年四处漂泊，那就苦了。

"用天之道"，要观察判断企业发展的机会、趋势，观察企业往哪里发展。"分地之利"，要把握当下的职务，从中找到成长的机会。所以，你不是在干工作，是在成长，把每一个分配给你的工作都当作成长的良机。紧紧跟随行业大势、企业趋势，你就能把握机会，就能在当下的工作中成长。你既能攒钱给自己的未来铺路，又能攒本事为后期的成长做准备，将来你在职场必定腾达。所以，年轻人要成熟起来。

在农业社会，种地要判断天之道、地之利。天之道看气候、节气，地之利看土质，土地的品质决定了种什么。在现代社会，该怎么办？看企业发展不要看一时，走好当下的每一步，不要羡慕别人的工作。"素其位而行"，校长是从员工干起的，董事长也是从打工仔干起的。打工仔都没干好，怎么能当董事长呢？不要好高骛远，做好当下，机会就来了。

所以，年轻人要为未来做储备，攒钱、攒本事。万一要换职业，半年没有工资能不能挺住？没有本事，就算找到工作，大多数情况也是被迫上岗，一般都找不到好的单位。反之，攒下钱、攒下本事来，你在职场上将会有足够的选择空间，不被财务给束缚，又能靠真本事游刃有余。这都是年轻人要考虑的。

☆　　　　☆　　　　☆

到这里，我们一起学习了五个层面。圣人讲的是古代，我们说的是现代。董事长、总裁怎么办？"爱敬尽于事亲，而德教加于百姓，刑于四海"；董事、大区总经理怎么办？"在上不骄，高而不危；制节谨度，满而不溢"；中层管理者怎么办？"非先王之法服，不敢服；非先王之法言，不敢道；非先王之德行，不敢行"；核心技术骨干怎么办？"故以孝事君则忠，以敬事长则顺。忠顺不失，以事其上"；基层员工怎么办？"用天之道，分地之利，谨身节用，以养父母"，好好工作，把握机会，在工作中成长、练本事，抓住企业发展大势，为未来做准备。每一个位置都有它本身的要求，不要错位。不错位就不会有问题，小而言之，个人不会有问题。

所以，五个层面合一起就是德配其位，共生共荣。每个位置都有对应的德，员工位有员工位的德，士位有士位的德，大夫位有大夫位的德，诸侯位有诸侯位的德，天子位有天子位的德，德跟能力不配就要出问题。德不配位，必有灾殃。

德配其位，大家团结起来；共生共荣，企业的高速发展伴随着你的成长。从员工成长为技术骨干，从技术骨干变成高管都有可能。这就是圣人教给我们的方法，到今天依然有重要的现实意义。君子素其位而行，要找准你的位，知道什么才是应该做的，你会成为一个非常优秀的职业人，你所在的企业也会发展得非常好。

04 以教化民

以上主要是围绕《孝经》的前六章，即开宗明义章、天子章、诸侯章、卿大夫章、士章和庶人章展开来讲，主要内容为"君子素其位而行"，主要回答了在企业管理当中，每个岗位应该做什么、如何安守本位的问题，也就是古人所说的"敦伦尽分"。如果企业做到了"素其位而行"，整体会是高效率的组合。接下来进入第七章，这一章的名字很有意思，叫作"三才章"。

三才章第七

曾子曰："甚哉，孝之大也！"子曰："夫孝，天之经也，地之义也，民之行也。天地之经，而民是则之。则天之明，因地之利，以顺天下。是以其教不肃而成，其政不严而治。先王见教之可以化民也，是故先之以博爱，而民莫遗其亲；陈之以德义，而民兴行；先之以敬让，而民不争；导之以礼乐，而民和睦；示之以好恶，而民知禁。《诗》云：'赫赫师尹，民具尔瞻。'"

内容乍一读会有些晦涩，但大致意思相信大家能体会到。

首先，我们看这一章的名字。"三才"指的是什么？指的是天、地、人。《三字经》讲："三才者，天地人。三光者，日月星。"《易传·系辞》讲："有天道焉，有人道焉，有地道焉。兼三才而两之，故六。六者非它也，三才之道也。"三才两之为六，所以，六爻含的也是三才。由此可见，中国文化对"三"很在意。"三才"还说明什么呢？人和天地一样，有同等的地位。这是一种鼓励，人可以法天法地，可以把天地作为榜样去效法。所以，作为人，不应感到卑微，人是可以与天地同论的。

中国传统管理思维

接下来的内容有一个核心，即"先王见教之可以化民也"。这句话很容易理解，先王是圣明的君王尧舜禹，或者是尧舜禹汤文武成康。教化可以改变百姓，而想改变百姓，要用什么方法？那就是"教"。这句话的意思是，先王发现用教化可以改变民风，可以移风易俗。如今我们做企业、带团队，想要改变、提升员工，从这里便可得到解决方案。

之所以这次讲经典中的管理智慧，就是来探一探现代人的管理和古代人的不同，找出现代管理出现问题的原因。今天从事管理的人很多，包括政府的行政管理、企业管理、校园管理等，但是受过系统管理科学教育的人不多。目前，在管理科学门类中有两支队伍，一支是西方的管理科学，代表人物是德鲁克。回溯西方管理学，其整个发展历史有300多年，大家熟悉的有亚当·斯密，以及后来的马斯洛。纵观西方的企业管理成果，确实大部分做到了井井有条。

另外一支是中国的管理科学，其表现特征为四个字：修齐治平。中国的管理科学确实能做到修身、齐家、治国、平天下，达到孟子所说的"夫欲治国平天下者，舍我其谁也"的自信。修齐治平，管理自己，管理家庭，治一个企业、国家而平了天下。中国人用词很妙，不说"管理"这个词，这个词是从西方传来的，是近代翻译的，它和中国文化有一些不对味儿。中国古代称修齐治平为"政"，老是向外去管别人，其实并不对应中国人所说的修身。

中国传统管理思维是以教化民。走这个路线，并不是不要法令法律，而是法令法律要与之配合使用。学中国传统管理智慧，一定要注意中国人是如何思考管理的。

企业是否受过传统管理思维的训练，是有迹可寻的。近些年因为导入传统文化，导入稻盛经营学，企业出现了以前没有过的情况。以前基本上都是靠制度管人，企业管理者喜欢定各种制度，下一个又一个的文件，哪块儿不对，就下个文件，实际效果并不好。原因在于制度的用法不对，不是说几个管理者回到办公室起草一个文件，然后在公司内下发就可以解决问题，这种管理古今都不倡导。

制度管人的弊端

管理效率为什么上不来？大家可以想一想，以教化民和制度管人，哪一种效率更高？答案很明显。制度管人我经历过，确实效率很低，单独使用制度管人的弊端有很多。

第一，员工只知道不能做，却不知道为什么不能做，是被强迫的。制度摆在那儿，下班不能早退，早退罚钱。规定五点下班，四点半干完活儿想走，但早退会被处罚，就只能磨洋工。本来1分钟能打60个字，变成1分钟只能打10个字，这种行为对应一个词叫作"摸鱼"。这种状态就不大对，这不是工作的状态。

第二，叫东落西升，你管到这出还会露那出，这边好不容易摁住了，那边"啪"又冒出来。根的问题没有解决，制度便覆盖不住。企业的事千头万绪，很难说把制度定立得较为完备，然后拿着制度一靠就万事大吉。制度要靠人去解决、去执行，而人的精力是有限的。比如说，一个团队有三十个员工、一个管理者，让这一个管理者用制度去查三十个人，查一遍都没有时间。

第三，制度可以一时解决问题，却不能推动绩效，这是很要命的。它告诉你什么不能干，却很难鼓励你干什么。效率没有提高，制度便没有用。用制度"一刀切"，可能会把潜在优势切掉。95℃的热水，再烧一把火就成了，结果制度说水没烧开不准喝，把水倒了，前功尽弃。

企业很多事，制度不好衡量，如果单纯地用制度操作，就操作不成。比如，我们这次招聘员工，制度要求招聘师范专业毕业生，非本科生不招。有一个应聘者是大专生，非常优秀，但不符合制度要求。结果特别可惜，把人才就给切掉了。大家很担心，说如果不这样，岂不是太活了？答案是否。这不是活，真正在它背后的是道。制度什么都管，管到最后，结果是员工都不想干活儿了。

为什么大家干活儿没有积极性？深层原因在于，我们已经掉进了制度管人的陷阱。中国有一部经典叫《易经》，《易经》讲了两易，一个叫变易，一个叫不易。变化不是活的，不是随机的，它遵循不易。如果你不能守住不易，你在变易上肯定乱套。而守住了不易，在变易上就可以怎么样？松开制度，释放员工的积极性，紧接着，效率就提高了。

做企业的目的不是员工都遵守制度，而是把企业效率抓起来。企业不能变成监狱，管理者不能变成警察，这是两个概念。尤其是那些重创新研发的企业，创新无处不在，随着客户的需求而变化。以前海尔卖冰箱，送冰箱途中有一条河，员工蹚水也要把冰箱送过去。这个时候制度无法规定，完全是人心在发挥作用。

今天很多企业，包括很多管理部门，已经出现这类问题了，绩效很低，越管越没有效率。老是追求用制度覆盖一切，这是不可能的。不是反对使用制度，而是不要以为制度能覆盖一切。

行教化的两个条件

用制度管人弊端很多,很多企业为什么只会用制度管人,不知道以教化民,不知道走这条路呢?为什么走不出来?所以,一定要学管理,千万不要轻视管理,它是一个看起来很简单实际很难的学科。

中国有两个学科,很难又很简单,一个是管理,一个是教育,两个学科很相近。谈教育,人人都会谈;管理,也到处都是管理者。但是,今天受过严格的科班管理学教育的人少之又少。这两个学科大众化了,庸俗化了,特别可惜。管理不是提要求就能做得好的。

教育、管理都是非常微妙的学科,不是那么简单。古人提出以教化民,并且提出行教化需要两个条件:一个是有思想,一个是有方法。今天行教化,以教化民为什么不好做?首先是思想没有,然后是方法没有。这也是我倡导企业管理者要学经典、学传统文化的原因。

管理不是我管理你那么简单,管理背后用的是思想。这些年,我给企业家们做了很多培训,逐渐发现一个现象:凡是在班里连续学三年以上,传统文化学得好的人,回到单位做管理,进展特别快。思想发生变化了!他们有思想了,找员工谈心,一谈就通。

所以,没有思想的管理者只会提要求,有思想的管理者才会去谈心。如果你还在提要求,说明你需要学思想学文化。要求要提,但是在思想传递以后,这时候便不叫提要求了,而是提合理化建议。

之后，他会主动做，不用你逼。我对学校的老师们也会提要求，我提完他们比我还着急，他们不会找借口，因为他们知道这个事有多重要。

那么，什么思想在管理中能有效运用？这个思想以前我就讲过，简而言之，一句话：如何成就他人？除此以外，都叫提要求。如何成就他人？我在《道德经中的管理智慧》中讲过，供大家参考。你懂得如何去成就他，然后去跟他谈，为他引领并帮助他，他会接受你的建议。如果不是这样，强迫也没用。

人只有在被成就时，才愿意接受别人的建议，这是一个基本条件。那你想成就他，首先要成就的是自己。所以，修身为本。管理背后一定是思想是文化，思想文化的背后是人生。管理之所以难，是因为管理的深层是思想和文化。

管理当中有一半是教化，甚至六至八成是教化，制度只占一半不到。而制度加了教化，就会事半功倍；没有教化，单独使用制度，则会事倍功半。它俩不是50+50=100的关系，50分做教化，50分做制度，合起来能做出200分的管理。而没有50分的教化，只有50分的制度，最后可能连二三十分都不到。

教化五法

"先王见教之可以化民也，是故先之以博爱，而民莫遗其亲；陈之以德义，而民兴行；先之以敬让，而民不争；导之以礼乐，而民和睦；示之以好恶，而民知禁。"能被尊为先王的都不是一般人，名垂青史，千古流芳，能获得这样的称号不容易。先王做教化有五种常见的方法，这五种方法不简单。

第一种方法，"先之以博爱，而民莫遗其亲"。博爱，既要爱自己的亲人，还要爱子民，然后形成"民莫遗其亲"的社会风气。

这句话最后三个字是"遗其亲"，可以想象一下，如果一个家族、一个民族走向"遗其亲"的状态，会出大问题。孔子说："弃老而取幼，家之不祥也。"什么是弃老？找理由找借口放弃对老人的赡养；取幼，就是抓取溺爱，过度宠溺孩子。如此，这个家族便会出现不祥之兆。

当今社会，这种现象已经出现了。儿女们以出国为借口，不孝敬老人，在很多大城市已经出现大批的孤独老人。儿女们忙着过自己的小日子，只有在生小孩的时候，把父母请到国外去，帮他们带孩子。父母七八十岁，子女四五十岁，孙子孙女一二十岁，正是父母享天伦之乐的时候，而大多数情况是子女在国外过自己的生活，父母在国内，老两口守着一栋房子，想看病都没人陪。这不是好现象。

还有一种现象，很多夫妇不愿意养育孩子，不愿意生孩子，不愿意管孩子，本着玩乐的心态活到40岁，这也属于"遗其亲"。当社会出现"遗其亲"，是非常不好的征兆。说严重些，这是一个民族愚痴的表现，就是不要未来，不计后果了，这是要出问题的。这就说明，不能让百姓走"遗其亲"的错误路线。

那怎么办？先之以博爱，领导带头做好身教，先爱自己的家人，再爱整个国民，让百姓都和亲人保持和睦相处的关系。

为什么不能"遗其亲"？《孝经》还有一句话说得很清楚："不爱其亲而爱他人者，谓之悖德。"一个人连自己的亲人都不爱，他去爱社会、爱国家、爱世人也是做不到的。如此下去，这个人会很孤独，对社会没有什么贡献，甚至会因内心封闭而得抑郁症等精神疾病。如果连亲人都不爱，那他不可能爱他人，问题随之出现：爱不足了，不能养自己的心了，以小乱大，整个社会的架构会出问题。

所以，由"遗其亲"这三个字，我们能看出社会的很多深层问题。一个人连父母亲人都不爱，他能爱岗敬业，能爱企业吗？不能。他不能爱企业，企业会真正保护他吗？不可能。最后，企业会把他裁掉。所以，我们教员工爱企业，要先教他们爱自己的亲人，这是基本原则。

中国祖先知道这个很重要，很早就提出了"民莫遗其亲"的要求，要爱其亲，不要弃老。古人的目光很深远，怕子孙出问题，提出这样的要求教化子孙。现在许多人就知道念书，书念得好，高考分数高，出国怎么厉害，却没读过几部经典。不听经典之言，吃亏都不知道。

"先之以博爱"，用身教感化大众，影响大众。《了凡四训》讲了大舜的一个故事："昔舜在雷泽，见渔者皆取深潭厚泽，而老弱则渔于急流浅滩之中，恻然哀之，往而渔焉。见争者，皆匿其过而不谈；见有让者，则揄扬而取法之。期年，皆以深潭厚泽相让矣。夫以舜之明哲，岂不能出一言教众人哉？乃不以言教，而以身转之，此良工苦心也。"雷泽是一个大湖泊，大舜看到年轻力壮的人都去深水打鱼，而年老体弱的人只能在急流浅滩处打鱼，这些地方鱼很少。大舜特别难过，于是想了一个办法，自己也去捕鱼。看见来争抢的，匿其过而不谈；看见有谦让的，马上宣传揄扬而取法之。这样过了一两年，大家便都把水深鱼多的地方相互谦让。首先发现问题不对，然后能恻然哀之，这便是圣贤。

下一步就是要有荣辱观，这是中国人自己的文化标识。中国古代对一个人最狠的批判叫不忠不孝。要说这个人不忠不孝，对他的人格是极大的贬低。我们民族的文化承传了很多年并始终保持，而如今大部分人忙着抓知识学问，争相比较考了什么重点学校，考了多少分，谁又出国了怎样，而不再强调谁忠谁孝的问题了，这是价值观出现了问题。

第二种方法，"陈之以德义，而民兴行"。"民莫遗其亲"之后，怎么办呢？讲述、讲解德义。那些有德、有道义的事情，讲述并加以引导，老百姓就会效仿，兴起热潮，纷纷去做这样的行为，形成一个地方的民风。

"玉不琢，不成器；人不学，不知道。是故古之王者，建国君民，教学为先。"玉不雕琢，不能成为器物；人不学习，就不会懂得处世的道理。所以，古代圣王建国君民，把教育放在首位。

在企业也是这样，定期告诉员工什么是对的，应该向谁学习，追随谁，陈之以德义。对孩子更是如此。小孩子是一张白纸，他来到学校，不知道做什么对做什么错，这时候要给他引导。

我在办公室备课的时候，我们的小朋友来了，手里拿着一个果盘，有六种水果送给我。我马上点赞这种行为，于是"民之兴行"，孩子们效仿他送水果学得可快了。每年最好玩的就是我过生日，虽然我自己对过生日不感兴趣，但孩子们兴行啊，提前一周开始画画，准备礼物，各样礼物都送了过来，全校蔚然成风。我也得配合好他们，不能拒绝，不能躲起来，而是把所有工作排开，坐一天等他们的礼物。礼物都很简单，拿笔一画就是一个礼物。学校形成这样的风气，让孩子从小就知道敬长，知道感恩，知道利他。这是教出来的。

小孩子你不教他不会，员工同样也是教出来的。你应该同他讲，什么是德，什么是义，何为德，何为义。义不容辞，这是你该做的事情。比如，敬业是你该做的，是本分；爱企业是美德。这都属于德育层面。在企业工作却不热爱工作，不是耽误自己的时间吗？上班却不敬业，不是浪费青春吗？所以，企业要鼓励员工爱企业，鼓励员工敬业，并且适当给予一些鼓励、表彰。

第三个方法，"先之以敬让，而民不争"。我们注意看，人有一种保护自身利益的本能。如果你鼓励自私，你争我争都来争；如果你倡导敬让，你让我让都来让，一时成风。所以，先要有人带这个头，先让出来了，其他人就不好意思了。

两个人到食堂吃饭，去晚了就剩一个馒头，会有两种情况。第一种，你争我也争，你抓我也抓，这种情形很丑很丢人。另外一种，一个人说:"哎呀,没事,我今天不饿,你先吃吧。"另一个人也会谦让。人都有美德,重点在于把它引导出来,不加以引导,就反向发展了。

所以,一个企业一定要建立自己的风尚、文化,这是没法用制度规定的。有人在前面引领敬让,然后倡导它,民不争,和和乐乐,内部没有损失。为什么?因为团结起来共同创造绩效,争者不足,让者有余啊。有文化的企业都是互相礼让的,而没有文化的企业,你争我争,一看就是在文化素质上落后了。

我记得当年在国企工作时,有这样一件事情。处里要提拔一个科长,当时就我们三个人选,我24岁,另外两个同事,一个34岁,一个44岁。领导犯了难,三个都挺好的,不好取舍呀。我说:"领导,您看那两位同事,一个比我大20岁,一个比我大10岁,我要不先退出?和两个老大哥去争一个名额,我自己都觉得说不过去,以后不好见面呀。"领导非常感动,后来年底评给我一个先进。

争某个东西,造成的损失太大了,失了德义,因小失大,顾此失彼,不值得。但是,很多百姓不明白,必须以教化民,形成敬让的风气。这样做的好处就是,今后在很多工作上,大家能齐心协力,你多点儿我少点儿,都不那么计较了。如果刚好相反,企业内部会闹很多没有必要的情绪。

《学记》说:"禁于未发之谓豫,当其可之谓时。"事情在没有发生之前要防患于未然。人心达到敬让这个状态,事来到眼前,不管是馒头、提拔名额还是奖金,都会先之以敬让。把敬让风尚树立起来了，就好了。

这就是抓管理要抓到点上。要记住，管理不是去管别人，而是引导，是教化，是身教，是敬畏法，是当机而教，是引领一种风尚，是建立一种文化。这样，企业内部就会和，和合一家，家和万事兴。

企业、家庭之所以不和，是因为一个字，就是"争"啊。争则不和，不和则万事不兴，问题甚至可能蔓延到客户那里。比如，两个员工闹矛盾，客户打电话给张工说，产品有点儿问题需要维修。张工说："我的工资比李工还少1000块钱，你找李工吧，李工工资高。"客户一听就不满意了，心想，这什么企业？所以，客户看企业很多都是看文化，有文化很明显能感觉到。

我们经营学校就特别明显，你去一所学校待一天，就能感受到是什么文化氛围。我记得有一年去外地一所学校，去观摩体育老师上体育课。那节体育课上得真棒，不是讲体育，而是讲一种文化，孩子们一边学体育一边学思想，效果令人赞叹。

之前我也去过另外一所私立学校，同样是观摩体育课。这所私立学校，后来倒闭了。确实应该倒闭，为什么？一看课堂氛围就能看出来。说是整队，直到课堂最后10分钟都没有整好队伍。体育老师说："你们还不站好队的话，我要罚你们，让你们不上课。"结果，那帮孩子直接走了，根本就不尊重老师。一所不尊重老师的学校，怎么可能把孩子教好呢？后来我问，这些学生为什么不尊重老师？原因是学校把孩子当成上帝，多一个孩子就多一份收入，万事都不能得罪这帮孩子，孩子一走，学校就办不下去了。文化出了问题，学校自然是办不下去的。

所以，一所学校、一个企业，形成敬让的风气，和则能共谋大事，不能小看。我们到很多企业做调研的时候，很看重员工之间有没有和气、和谐、和美的氛围，如此就知道这个企业是不是有文化。

第四个方法，"导之以礼乐，而民和睦"。企业是一个集体，人与人在一起叫集体。人与人每天在一起共事，一定有交叉点，上班啊，打卡啊，吃饭啊，交接啊，开会啊，研讨啊，谈话啊，等等，很多时间需要人们在一起。怎么保证能和谐共事？需要礼。礼就是规范，就是在什么时候应该怎么做。比如，开会要怎么开，做事要怎么做，吃饭要怎么吃，见面要怎么见面。有了礼，你会发现企业效率非常高。礼不是制度但高于制度，不是虚伪，不是假惺惺，不是添麻烦，是人和人之间那种刚刚好。

有了礼，董事长和几个高管开会，抛出一个问题，一个项目投还是不投，各相关人员像财务、人力、市场研发等部门纷纷发表各自的观点，领导最后收尾，综合大家的建议作出决定，可能只需要一个半小时。而没有礼，董事长说咱们要投某个项目，各部门发表一下观点。市场部门说，这个项目会有一定风险。董事长说："我都说这个要投了，还用你说吗？好，请下一个发言。"下一个就不想发言了，为什么？领导对下属不尊重，下属还愿意发言吗？这叫无礼。所以，君使臣以礼，臣事君以礼。君臣之间都讲礼，礼不是简单一个作揖，是一种和谐相处的模式，是一种工作效率。导之以礼乐，把礼建立起来，才叫治理。

平时见面，简单打个招呼，很快，也不用啰唆，也不用谄媚，点头哈腰的那种。客户到企业参观，看到这种氛围，会感叹企业文化真好。董事长带着客户下车间，员工一看，马上说："您好！董事长好！"然后，接着去工作。董事长很随机地说一句："哎哟，刘工辛苦了，这活儿干得好！"当简单问候和点赞变成常态，这就说明管理者很有礼。在我们学校也是这样，老师们只要晚上加班，我早上起来一定要写一句"大家辛苦了"。这是必须得写的，没有这句话就失礼了。

同样，员工也要讲礼。开会一起讨论事情，领导说某个项目准备投入资金了，你马上举手反对，会议也没法继续进行。

乐是什么呢？乐是平易近人，和合一家。礼是彼此之间有岗位、有秩序，而乐是平等的，像搞年会的时候，老板、员工一起唱歌跳舞，是不是都挺开心的？最近，有一所高校的毕业会，校长给毕业生颁发毕业证，拨穗礼之后，学生和校长拥抱，挺不错的。因为这个时候是可以这样，大家都放下面子。

平常，我们学校晚饭后，孩子们会在操场玩，我也会跟他们一起玩，那时候我就不是校长了，只是他们的大朋友。没有约束，就变成乐了。但是一上课，我在讲台上，他们在下面，那就变成礼。一下课，就换成乐了。

古有云："乐者，天地之和也；礼者，天地之序也。和，故百物皆化；序，故群物皆别。"礼乐是古代治理两种非常重要的方法，现代人要想办法学习并使用。乐有什么好处呢？我们带团队感到累的时候，唱歌或是玩一玩其他的，一乐便和了。

去年我们有一个孝敬父母的活动，在寸草春晖演出，很多父母都前来观看。我们上台就给父母表演，我扮演儿女的角色，还唱了一首《好的，乖宝宝》，穿了个背带，逗得大家特别开心。一个企业需要这种欢乐热闹的氛围，否则冷冰冰的，待久了人心会受不了。

懂得"礼者，天地之序也"，会特别有分寸。一个家族里的孩子特别有教养，是因为这孩子受过良好的教育。没有受过良好教育的孩子，有一个最常见的行为，会有打妈妈打爸爸的动作，这说明这个小孩没受过礼仪教育，没学过礼。四五岁的小孩，一巴掌就打过去，不光打爸妈，还打客人。我到一个朋友家做客，问他家小孩："几岁了？""打你。"我一看，坏了，这个家庭没有做到文化教育，说明这孩子不是第一次打人。孩子初有动手行为，大人就要慎于始，第一次就把他正过来，以后就没事了。小孩如果打大人，一定是父母不懂礼造成的。

我们小时候也是这个基本要求，"长者先，幼者后"，特别在吃饭的时候，奶奶没动筷子你也不能动，如果你动就会挨打，我们是从小这么学会的。后来到了单位也是这样，一吃饭得让好几次。刚排上队，一位老同志来了，让老同志到前面；又来一位老同志，再继续礼让。一次吃饭都让好几次，为什么会这样？原因是习惯了，从小接受礼的教育，父母是这么教的，一直到"长者先，幼者后"慢慢成为一种习惯。习惯到什么地步？坐公交车的时候，车上只要有一个老人都得让座，如果不让，就觉得心里不舒服。他站着我坐着，好像太没有素养，没有礼了。

礼的教化对于孩子、对于企业都很重要。乐，百物皆化，人心能够化开。平时员工有什么小纠纷、小冲突，搞个礼乐就有序了。所以，企业有礼有乐，就是和谐的团队，抓起工作来井井有条。比如，今天来检查组了，我带老师们去迎接检查。检查完需要复印资料，我说："刘老师，你给复印一下。"刘老师说："我才不去。"一句话就知道这个老师出问题了，如果在大单位，不能犯这种错。

所以，一个人所受的教育通过说话就知道。如今的家庭，受过礼的教育的孩子越来越少，这是很吃亏的。礼，不仅是一个人的教养，也是一个人的层次，代表将来你在社会上能达到的高度。越是高端的人，言谈举止越是有礼。同时，还有乐。万民同欢的时候，领导人参与到大众之间，说他也会踢足球，"哐"一脚，大家可开心了。如果这段时间大家累了，赶快唱歌去。企业效率不高的，在礼上强化一下，能够把企业带起来。用礼乐管理企业，是完全可行的方法。

第五个方法，"示之以好恶，而民知禁"。这句话和前面"陈之以德义，而民兴行"正好是相对应的，前一句告诉你哪些是国家倡导的，这一句告诉你哪些是国家反对的。比如，我们希望孩子报效祖国，那就宣传钱学森的学习精神，把故事反复讲给孩子听，以他为榜样，最后即使孩子们出了国，也知道我的榜样是钱学森，我得回来报效祖国。否则，读大学四年，心中没有榜样，大学毕业，认为谁出国谁光荣，出不去的都是狗熊，出国后就不回来了。长辈们没能示之以好恶，孩子们不知道分寸，这是长辈们的过失。

上上周的时候，我们的学生学习领导人的精神，看电影、讲课、找资料，这对学生影响很大。从小教育他们，我们的人生追求不是做学霸，而是西南联大，是175个院士，是两个诺贝尔奖。如果以此为榜样，孩子们便会希望自己也成为这样的人。

今天我走在路上，遇到两个一年级的小女孩，她们拉着我玩，我开玩笑说："没时间陪你们玩了，我要备课去了，要不你晚上替我讲课？"一个小女孩说："等我15岁吧。"我说："那你将来怎么替我讲课？""上到中学，我要学教育家社团，我当教育家就能替你讲课了。"你看，虽然才一年级，但是有思想有追求。她要当教育家，那她是怎么知道的呢？大人示之以好恶。所以，她懂得哪个好。

中国人其实很善于做这个工作。相信很多朋友去过西湖，那里有两座雕像，是谁呢？岳飞和秦桧。这是用来警示后人的，如果你当奸臣，就得给人跪着；当忠臣，就塑一尊像。我们学校有一群学生是专门学军事的，我在讲课的时候跟他们说："你们学军事，我特别介绍一个人物叫朱德，如果你们能把这个人物学透，内化到心里去，我就放心了。"还有的孩子要学外交，我说："外交我最崇拜周恩来，你们多学习周总理的外交。"于是，学生们就看周总理的一些有关外交的书，看了里面的故事备受感动，立刻就追求起来了。

所以，学生是教出来的，员工也是教出来的。企业是有文化的，好恶如果不去讲，慢慢地这个企业就散了。

我去过成都一家企业，这家企业的董事长有他的价值观和追求。

他跟我说："李老师，我跟你说一个好消息。""什么好消息？""我用了三年的时间，让我们企业员工的离婚率降到了0。"原因是家庭和谐相处的，在年底评为"和谐之家"，给予表彰和奖励。员工耳濡目染都明理了，知道不能离婚，要好好守住婚姻。通过董事长的反复教化，"民知禁"，不该做的事不要做，对婚姻不好的事情不要碰。员工改变很大，领导尽到了责任。

所以，在学校，老师要尽责任；在企业，领导者要尽责任；在家庭，父母要尽责任。不要把教育做成简单的学知识、考分数，不要把管理做成简单的我管你。要有情义，要有礼乐，互相算计是很苦的。

这五种方法联合起来，形成一套完整的计划和方法，国家就可以治理，就能化民易俗了。这些方法如果都使用一遍，人是很容易被教化的，因为这么做合理，这么做符合道理。

有些大学生出国留学不回国，原因就是教化没有到位，这些方法没有使用上。只因循过去的做法，没有向古圣先贤学习教化之法。这些方法放之四海而皆准，学校能用，家庭能用，企业能用，简单易行。关键在于你是否重视，是否接受，是否相信。这些方法可以慢慢体会，用多了就熟悉了，然后逐步转换为你的计划。从高层开始修身，先之以博爱；给员工定期上课，陈之以德；建立企业文化，先之以敬让；然后制礼作乐，礼乐规范下来；最后，让员工明理，懂得是非，不触碰底线。

有一家银行，中午开放的窗口比较少，因为柜员要休息。周边的白领只有中午才有时间过来取钱，办理业务，但是窗口少，队伍排得很长，很多人因为时间紧迫办理不了。于是，有人找到行长问，能不能加几个窗口？行长说，他们规定了中午要休息，只能开两个窗口。这句话被人录了下来，直接告到了总行，总行把这个行长给撤了。为什么？不懂得在一线服务，该怎么恰当处理问题，不知礼，跟客户讲话态度不对。

中国文化特别强调仁政，区别于现代的方法，大家学管理要多看看儒家经典。这次我们讲的经典基本上是以儒家经典为主，所谓"穆穆虞舜，巍巍帝尧。伊二圣之仁化，致四海之富饶。协和万邦，盖安人而为礼"。仁义教化，可以带来四海之富饶，协和万邦，大家都能团结协作。治天下可以达到这个程度，离不开尧舜的贤明，人民用"穆穆""巍巍"这些美好的词来赞美他们，值得后人学习。

孟子说："王如施仁政于民，省刑罚，薄税敛，深耕易耨；壮者以暇日修其孝悌忠信，入以事其父兄，出以事其长上，可使制梃以挞秦楚之坚甲利兵矣。"古代是保家卫国，今天是发展业绩。如果管理者能施以仁政，减少过度的刑罚，减轻税收，那些家里的主力在空闲时可以修孝悌忠信，在家照顾好自己的父母兄长，在外服务好自己的领导。如果一个社会能这么治理，就可以团结起来把秦国和楚国两个最强大的国家打败。

儒家非常倡导这种教化之法，并且是很有信心的。我们学管理，可以从一些故事中去领会。《资治通鉴》记载，贞观六年（632年），唐太宗李世民亲自审查复核案件，当看到有390多个死囚时，觉得很可怜，于是下了一道圣旨，把他们一律放回家，与家人团聚，第二年秋天回京问斩。贞观七年（633年），这些死囚，没有人带领，也没有人监督，都按时从各地返回长安，没有一个逃跑和藏匿的。太宗非常喜悦，将这些死囚全部赦免。明知已被判死刑，为何有机会却不逃走，反而心甘情愿回来受死？太宗又为何将他们都赦免？出于怜悯吗？不是。

原因要从太宗的仁德说起。太宗爱民如子，他说人死不能复活，执法务必宽大简约。太宗规定，杀一个死囚，得向皇帝报告三次，而且执行死刑之日皇帝不能进酒，也不能欣赏歌舞，因为酒能乱性，音乐使人沉溺于情感中，不能进行理性思维。目的是在行刑前的最后一刻，还能冷静思考。再加上太宗以人为本，减轻徭赋，使得百姓安居乐业，社会治安效果显著，一年内死刑犯不足百人。这些史料值得我们反复研究学习。孟子也说："先王有不忍人之心，斯有不忍人之政矣。以不忍人之心，行不忍人之政，治天下可运之掌上。"

这一章还有一句话值得琢磨："其教不肃而成，其政不严而治。"这是一种管理境界。如果一个企业做管理能做到不肃而成，不严而治，是很了不得的。如何做到？很值得我们研究，这也是管理科学中一道很深的题。古人是怎么做到的？圣贤不妄语，既然说出这句话，一定是有原因的。

经文言："夫孝，天之经也，地之义也，民之行也。天地之经，而民是则之。"什么意思？孝，本于天地，是天地本有的。你看，这里已经出现"三才"了，天地民就是天地人。我们行孝道，是效仿谁？天和地。向天学习，向地学习。天有经，寒暑、昼夜、节气，都是有规律的。地有义，大地对人类世世代代都在做着贡献，撒种子就会结果，长出粮食。

人向天地学习，孝道就是效法天地而出现的人的天性。经文说："则天之明，因地之利，以顺天下。是以其教不肃而成，其政不严而治。"顺性而教，顺着人本来的天性教孝道。人的善良可以达到什么地步？可以像天地一样。像天举止有道，像地有情有义，社会就和谐了。古人观察天、观察地、观察人性，是基于对人性很深的了解，所以才有了"不肃而成""不严而治"的教法。

仔细体会可以发现，天是无为的，日月星辰，不需要人力就可以运转。地是无为的，自然就生长万物。那么，人是不是和天地一样，也是无为的？人有天性的本善。所以，天地人合称为"三才"，因为都在无为的层面。如果看到这一层，用孝道把人的本善开发出来，人就会和天地一样。整个逻辑关系如果想明白了，人就能活出和天地一般的样子。

这种开发不是强迫的，是顺着天性而成的，所以中国人称之为"教化"而不叫"管理"。教化不同于提要求，不是强说教，是顺着天性而教，顺天性而教其孝，教其孝而回归天性，使人能够道法自然，法天法地。人可以有天地般的气魄。

前面讲了五个方法，"先之以博爱，而民莫遗其亲；陈之以德义，而民兴行；先之以敬让，而民不争；导之以礼乐，而民和睦；示之以好恶，而民知禁"。如果按照这些方法去做，"其教不肃而成，其政不严而治"，这就属于无为。

中国的无为之法、无为教化，不是一个简单的制度，它对人性、对道、对天地有综合性的深刻洞察和引导。所以，中国管理的背后是有哲学思想和智慧的。智慧层面到达以后，才出现前面说的帝尧虞舜治理天下的方法。

而经文的最后还讲到一个人物，"赫赫师尹，民具尔瞻"。这个人叫伊尹，是中国古代优秀管理者的代表。他辅佐商汤王，是商朝初年的政治家。约公元前 1600 年，伊尹辅助商汤灭夏朝，为商朝的建立立下汗马功劳。任丞相期间，他整顿吏治，洞察民情，使得经济繁荣，政治清明，国力强盛。伊尹为商朝的兴盛富强作出不朽功绩。沃丁八年（前 1712 年），伊尹逝世，终年一百岁，得以天子之礼安葬在商汤陵寝旁。伊尹不仅是管理者的代表，又是我们中国教师的始祖。"赫赫"是对他的尊称，"民具尔瞻"，老百姓都非常敬仰他。我们今天学管理，不妨向这些古人学习。

论语中的
管理智慧

01《论语》知多少

2009年，习近平同志担任中央党校校长时说过这样一段话："我们中华民族有着5000年的文明史，传统文化中的许多优秀文化典籍蕴含着做人做事和治国理政的大道理。所谓'半部《论语》治天下'，讲的就是这个意思。"话语中提到一部中国典籍《论语》。关于这部书，中国人非常熟悉。可以说，一谈到传统文化，我们首先想到的就是《论语》。

《论语》是儒家最重要的经典之一，是记录孔子、孔子弟子及其再传弟子言行的一部文集。全书20篇，492章，11705字，以语录体为主，叙述体为辅。到了南宋，这部书被列为"四书"之一。"四书"就是我们常说的《大学》《中庸》《论语》《孟子》。《论语》不仅成为官定的教科书，元明清也成为科举考试的必读书。自宋以来，已经过了1000多年，在我们国家的整个考试制度中，《论语》都是重要的考试内容。

天生仲尼

央视推出的《典籍里的中国》，对《论语》有很详细的介绍。

孔　子：2000多年以后，那是什么光景？

撒　君：那是一个人人可以读书的时代。

端木赐：禀夫子，此事非虚，弟子亲眼所见。

孔　子：那是我向往的。你们读什么书啊？

撒　君：我在读《论语》，夫子和诸位先生的言行以及思想，在后世集合成为一部典籍，称为《论语》。《论语》的思想是中华民族精神和智慧的源泉，影响了后世2000多年，我们从小就读。读到了人生追求，仁以为己任，修己安人，安百姓，提高自己的修养，让更多的人得到安乐。

孔　子：好，你读得好。还有吗？

撒　君：我们还读到了忠恕之道，己所不欲，勿施于人，己欲立而立人，己欲达而达人，做到推己及人。

端木赐：这些都是夫子教导我的话。

撒　君：我们读《论语》，还读到了如何为人。为人应当孝悌忠信，温良恭俭让。

孔　子：好，你读得太好了！

端木赐：夫子，您追求的大道传下去了。

众　人：是呀！

孔　子：君子忧道不忧贫，现在我没有什么可以忧虑的了。

端木赐：撒君，可否让夫子和诸位同门一起看一看这《论语》在后世的流传呢？

撒　君：这正是我此行的目的。夫子及诸位的思想学说在后世被称为儒学，影响深远。

孟　子：民为贵，社稷次之，君为轻！

孔　子：民贵君轻，说得好啊。此为何人？

撒　君：此人名叫孟轲，后世尊他为孟子。他传承儒学，并将其发扬光大。

孟　子：生，亦我所欲也；义，亦我所欲也。二者不可得兼，舍生而取义者也。

孔　子：我说过杀身以成仁，他说舍生而取义。好啊！

郑　玄：《论语注》要在世上长久流传，解释其义，应与时偕行，不强做结论，留给后世解读评说。

孔　子：此人是谁？何为《论语注》？

撒　君：此人名叫郑玄，是在您600多年之后的汉朝的儒生，他为《论语》的内容做了注解，方便世人的学习。

孔　子：与时偕行，做学问应该是这样。

朱　熹：国以民为本，社稷亦为民而立。

孔　子：国家以黎民为根本，也是为黎民而设立，说得好。他是谁？

撒　君：这是在您1600多年之后的儒学重要传承人，生于南宋，叫朱熹，他用了将近 40 年为儒家经典作注，其中就有《论语集注》。

朱　熹：天不生仲尼，万古如长夜。

撒　君：朱熹对夫子极为仰慕。

孔　子：过誉，过誉。

撒　君：在后世读《论语》的人，还不仅仅是华夏子孙，您看这位……

伏尔泰：我在东方著作中找到一位智者，他在 2000 多年前便教导人们如何幸福地生活。

孔　子：他是谁？什么人？

撒　君：此人名叫伏尔泰，是在您 2000 多年之后法国的一个著名的启蒙思想家，《论语》的思想启发了伏尔泰。

伏尔泰：《论语》中的"己所不欲，勿施于人"应该成为所有人的座右铭。

撒　君：己所不欲，勿施于人。这个思想在 18 世纪末还曾被写进法国的《人权宣言》。但是，《论语》在世界范围内的传播远不止于此，《论语》的思想传到了朝鲜、韩国、日本、越南、俄罗斯、美国、英国、德国等很多国家。据不完全统计，到目前为止，《论语》在全世界有 40 多种语言的译本。在 2019 年，法国把他们在 1688 年出版的首部《论语导读》的法文版原著，作为国礼送给了中国。您和您的学生当年周游列国，现在《论语》带着中国古代的思想和智慧，周游世界了。

端木赐：确实没有想到啊！《论语》影响了那么多人啊！

撒　君：正如夫子所言，德不孤，必有邻。

孔　子：德不孤，必有邻，感谢撒君让我知道这些。

撒　君：这是我们后世读书人的荣幸，这是我们后世读书人的荣幸啊！

君子忧道不忧贫，圣贤担心的不是贫困，而是大道能否传承下去。

2019年3月24日，习近平总书记在法国尼斯会见法国总统马克龙。会见前，马克龙向习总书记赠送了1688年在法国出版的首部《论语导读》（法文版原著）。这个版本非常珍贵，世上仅存两本，一本送给了习总书记，一本存放在巴黎的法国国立吉美亚洲艺术博物馆。今天我们看到，《论语》不只在中国家喻户晓，圣贤的心愿已经实现了。

读《论语》要记住一个重要人物，那就是孔子。关于孔子，大家都非常熟悉，他的家乡在山东曲阜。我选了一段文章，代表后人对孔子的敬仰，文章出自《史记·孔子世家》：

太史公曰：诗有之："高山仰止，景行行止。"虽不能至，然心向往之。余读孔氏书，想见其为人。适鲁，观仲尼庙堂车服礼器，诸生以时习礼其家，余祗回留之不能去云。天下君王至于贤人众矣，当时则荣，没则已焉。孔子布衣，传十余世，学者宗之。自天子王侯，中国言六艺者折中于孔子，可谓至圣矣！

这是"史圣"司马迁在《史记》中对孔子的赞叹，将孔子称为"至圣"。天下君王鼎盛一时的不少，可是被后人缅怀纪念的却为数不多。而孔子跨越2500年的历史，至今仍为后人铭记。在每年的9月28日，国内外很多地方都会举行祭孔大典，这成为我们中国精神的象征、文化的象征。

孔子有很多弟子，"弟子三千，七十二贤，十哲两圣"。所谓"两圣"，就是我们熟悉的颜回和曾子。曾子在《孝经》中出现得多，颜回在《论语》中出现过很多次。"十哲"是子渊、子骞、伯牛、仲弓、子有、子贡、子路、子我、子游、子夏，其中德行有四人，政事有两人，言语有两人，文学有两人。德行是子渊、子骞、伯牛和仲弓；政事是子有和子路；言语是子贡和子我；文学是子游和子夏。弟子们在各方面都有出众的才华，弟子三千，还有七十二贤。大家想象一下，这是春秋时期的一位思想家、教育家、文化大使，一个人一生能教出这么多人，可见其思想的高度和对世界的贡献。所以，我们中国人说"天不生仲尼，万古如长夜"。

"《论语》+算盘"的经营模式

"半部《论语》治天下"，意思是读好《论语》能治天下、安天下。这句话出自一个典故。宋朝宰相赵普出身小吏，当了宰相以后，太祖劝他读书，于是赵普每次回家就关起房门，取出书来认真诵读。第二天上朝处理政事，总是十分明快，深得太祖欢喜。太祖过世后，弟弟赵光义（即宋太宗）继位，赵普仍然担任宰相。一次，宋太宗和赵普闲聊，太宗问："有人说你只读了一部《论语》，这是真的吗？"赵普老老实实地回答说："臣所知道的确实不超过《论语》这部书，过去臣以半部《论语》辅助太祖平定天下，现在臣用半部《论语》辅助陛下便天下太平。"后来赵普病逝，家人打开他的书箱，里边果然只有一部《论语》。大朝宰相，因熟读《论语》而治理天下遂成为佳话。

当代日本"经营之圣"稻盛和夫先生说："我很早就学习了中国的《论语》，认为越是艰难、越是竞争激烈的时代，过去圣人们所教导的正确的为人之道就越重要，是他们造就了今天的我。"稻盛先生也是熟读《论语》。所以，我们应该对这些经典予以重视，好好学习。

本书讲述经典中的管理智慧，不敢说对经典有深刻的解读，但我有一个小小的心愿，就是希望激发更多人对经典的向学之心，走进经典，热爱经典，获益于经典。市面上比较常见的是南怀瑾先生的《论语别裁》，我当初读的也是这本书，它让我对《论语》有了更深刻的了解。还有一本书，在国内学界很有名，叫《论语和算盘》，作者是日本"企业之父"涩泽荣一。《论语和算盘》是涩泽荣一商业智慧与处世哲学的集大成，流传百年，全球畅销千万册。涩泽荣一还把《论语》当作培训企业管理者的教材。日本学者村山孚的《新编论语》，在日本企业界也产生了重要影响。松下电器商业学院通过学习《论语》《大学》等儒家经典，确立了商业之道在于道德思想的经营原则。

在日本，"论语＋算盘"已经成了一种著名的经营模式，其基本精神就是义利合一，即以公义为利，利就是义。承认谋利有其正当价值，但必须用道德进行规范指导，使其符合社会伦理。日本人在百年前就开始使用《论语》这部书，读之、用之、倡导之，并鼓励很多企业家带领员工读《论语》、学《论语》，把它作为员工培训的教材。今天国内很多企业可以做这样的尝试，像《了凡四训》《孝经》《论语》都是适合员工学习的书籍。如果读原文觉得有些累，建议可以参照一些名家大师的注解。

02 管理智慧之如何为政

修身正己

首先第一条,叫修身正己。

《论语》中讲为政、讲管理的名句有:

子曰:"为政以德,譬如北辰,居其所而众星共之。"

孔子说:"用道德的力量去治理国家,就会像北极星那样,安然处在自己的位置上,别的星辰都环绕着它。"我们看到的是,北斗七星始终绕着北极星在旋转,其他很多星星都是这样。如果我们修自己的德,用道德治理天下,就会有这样的效果。

季康子问政于孔子。孔子对曰:"政者,正也。子帅以正,孰敢不正?"

季康子向孔子询问为政方面的事情,孔子回答说:"政的意思就是端正,你自己先做到端正,谁还敢不端正呢?"正人心先正己。为政的前提是什么?自己先要正起来。

子曰:"其身正,不令而行;其身不正,虽令不从。"

孔子说:"作为管理者,如果自身行为端正,不用发布命令,事情也能推行得通;如果自身不端正,即使发布了命令,百姓也不会听从。不在于百姓听不听从,而在于我们自身做没做正。"

子曰:"苟正其身矣,于从政乎何有?不能正其身,如正人何?"

孔子说:"如果端正了自己的言行,治理国家还有什么难的?如果不能端正自己,又怎能去端正别人?"原来,治理国家主要是治理自己呀!端正了自己,还有什么难的呢?如果我们自身没有做好,又怎么去纠正别人的错误行为?

子路问政。子曰:"先之,劳之。"请益。曰:"无倦。"

子路问政。孔子说:"自己带头去做,然后让百姓勤劳地工作。"子路请求多讲一点儿。孔子又说:"永远不要懈怠。"如何为政?先之,劳之,自己要带头啊!

我们这里抽选了五段,联合起来看为政之道。为政的核心到底是什么?古代叫为政,今天叫管理。各位朋友,您悟透了吗?抓到管理的核心了吗?孔子用了这么多言语,反复阐述管理中一个最核心的命题——管理从哪里开始?从领导者的修身正己开始。没有正己,整个管理是推不动的。

所以,管理到底要管谁?是管别人吗?是我来管你吗?都不是,这不是管理,您弄错了。我们自己还没有做好,虽令不从啊!如果自己做好了,"苟正其身矣,于从政乎何有?"为政有什么难的呢?不是员工难管,是我们自身难管!

很多企业家说:"老师,我们企业导入传统文化,员工不听话、不爱学习怎么办?您帮我去管一管。"我说:"你这么一说,我都不敢去,帮不到你。你这个思维方式不对,先读读《论语》吧,看看孔子怎么说的。"我们首先要下功夫的地方是正己,自己正了,就譬如北辰,居其所,员工就会围绕、跟随、爱岗敬业、勤奋工作。正心正知,多简单!当我们自己做到了,谁能不正?

记得很多年前,管理学界有人给企业家上课,说要教一种方法,可以使企业家每天睡大觉,员工积极勤奋敬业,这个方法你想学吗？有人就报名了。这个可能吗？能实现吗？企业家不严格要求自己，却希望员工敬业爱岗，这不是闲扯吗？在2500年前，圣人就告诉我们，管理从自己开始。

做企业从哪里开始？从领导者自身开始。领导者自身的高度决定了企业的高度，领导者自身的成长决定了企业的成长，领导者自身的修养决定了企业的文化氛围。甚至有人说，什么是企业文化？就是企业领导者的文化、价值取向、人生观、情怀追求。如果领导者乱了，这个企业好不了；如果领导者错了，这个企业正不了。不是员工不愿意成长，而是我们自己的成长速度太慢。所以，"成也萧何，败也萧何"，企业的成败在一人，也就是"万方有罪，罪在朕躬""一人有庆，兆民赖之"。

如果我们想做一家企业，想当董事长，就必须承担起这样的责任。那个最有高度的人，最有修养的人，最能成长、改变自己的人，才适合当这个居高位的一把手。你想付出很少却想收获很多，宽纵自己还想严格要求别人，这是办不到的。总想去管别人的管理者，不是优秀的管理者，好的管理者都是从管理自己开始。

如果能管好自己，结果会怎么样？

> 季康子问："使民敬忠以劝，如之何？"子曰："临之以庄，则敬；孝慈，则忠；举善而教不能，则劝。"

这里把方法告诉我们了。季康子问，要使老百姓恭敬礼让、忠诚于事业并互相勉励，该怎么做呢？孔子说："如果你用庄重的态度对待他们，他们就会恭敬，我敬则汝敬。如果你能孝敬父母，爱护幼小，他们就会忠诚。忠诚不是要求别人，而是我们自身做到孝慈。对自己的父母很孝顺，对孩子慈爱。如果你能任用贤能之士，去教育那些能力低弱的人，他们就会互相勉励。"

所以，并不是要求员工能敬、能忠、能劝，而是我们自身做对了这几件事：对人尊重、礼敬；修身、孝亲、爱护幼小；任用贤能之士；培养能力弱小的人。把这些做好了，大家自然就会效仿，就会跟随，企业就治理好了。

还是要正己。能够正己，这些自然都化现出来了，这就是管理。所以，圣人一句话道破管理的真谛，管理其实很简单。员工能够礼敬，能够忠诚敬业，能够互相提醒，多么重要啊！以前我们不知道用什么方法，现在知道了，从我们自身开始做起吧！

季康子患盗，问于孔子。孔子对曰："苟子之不欲，虽赏之不窃。"

季康子为盗窃事件多发而苦恼，来向孔子请教。孔子说，如果您不贪图太多的财物，即使奖励他们去偷，他们也不会干。出现这么多盗窃事件，原因是什么？表面上是员工在犯错误，深层是什么？"上有所好，下必甚焉"，管理者贪求，下属当然跟着学。如果我们自身不贪求，即使鼓励，他们也不愿意贪求。

季康子问政于孔子曰:"如杀无道,以就有道,何如?"孔子对曰:"子为政,焉用杀?子欲善而民善矣。君子之德风,小人之德草,草上之风,必偃。"

季康子问孔子如何治理政事,杀掉坏人,以此来亲近好人,怎么样?孔子说:"治理国家怎么会想到杀戮这样的方法?只要您好好治国,百姓自然就会好起来。君子的品行像风一样,小人的品行像草一样,刮起风来,草一定会倒。"

君子是谁?就是那些管理者。小人不是坏人,是那些地位卑微的底层人,他们时刻看着领导。如果领导者品行如君子,像风一样,草必然会变化,领导者时时刻刻要做修身的榜样。君子之德风,这个德有很多:孝亲尊师、爱家人、爱自己、爱祖国、珍视朋友。如果这些做到了,队友怎能不跟随你?企业队伍就带好了。有时不是队友乱了,是我们自己在修身上出了很多问题。

我们这两年一直都在带企业家做"精进180"课程,第一堂课讲的就是修身。讲完,我们每天打卡。断十恶,行四善,善待顾客、善待亲人、善待员工、善待自己、善待大众,做了哪些事要画钩,每天做记录。就做这么一件事,一坚持就是180天。

我们用180天做一个实验,一个企业家如果能断十恶、行四善,连续六个月,这个企业能不能变化?实践证明,只要坚持打卡的,最后都发生了巨大的变化,草上之风,必偃。我们并没有到企业去,也没有要求员工,我们只抓了一件事,就是总裁、董事长的修身正己，这就是圣贤管理思想的核心。能抓住领导者，就等于把管理整个纲抓起来了。领导者要带着员工学习，学习之后还要复习、共修。

为什么要坚持打卡不放弃？这对整个企业影响很大。其实，这个道理用现在的话来解读，也能解读明白，叫境由心造。这个境是什么？是你的企业。心是谁的心？你的心。你的心发生变化了，外境必然发生变化。所以，想改变外境，相应地要改变我们自己的心。

这些年我自己做管理，在学校反复观察的不是别人的错误，而是我自己的，在自己身上下功夫。在我的学校发生的任何过错，我自己首先忏悔。因为它发生在我的世界里，一定和我有关。如果我德行好，相信这个团队就能带好；如果我德行不好，就带不好他们，用多少制度也带不好。

所以，团队是管出来的吗？不是，是用自己的德行修出来的。我们对于员工只是帮助，有什么困难，有什么疑问，提醒就好了，这才是根本。不从自身下手，管理永远是一团乱麻。所以，管理管谁呀？先管好自己。这正是《论语》告诉我们的一个非常重要的道理，我们读《论语》悟管理，要先入这个道。

孔子为我们说了这么多故事，又讲了三个真实的案例——季康子三问。孔子告诉我们：你这么做就行，这么做员工就会变，这么做员工如草上之风必偃，这么做就没有祸患。很简单的方法，这就是孔子传给我们的道：内求之道，修身之道，孝悌忠信之道。这都是说给自己的。

学西方管理学，很少会看到这些话：孝悌忠信。他们或许会想，这些与管理有什么关系？我们讲的是系统、KPI、全方面绩效指标考核。这些当然都很好，但是要知道，如果自身没有孝悌忠信，团队很难带。孝悌忠信指向的都是自己，我们能尽力，发力了，提升了，改变了，你会发现团队很快就发生变化。这是管理的捷径。

仁者爱人

做好修身正己，再看第二条。孔子提出仁者爱人，要爱护员工。怎么来爱护关心他们？怎么做这样的管理者？这也是《论语》反复倡导的。

> 子贡曰："如有博施于民而能济众，何如？可谓仁乎？"子曰："何事于仁，必也圣乎！尧舜其犹病诸！夫仁者，己欲立而立人，己欲达而达人。能近取譬，可谓仁之方也已。"

子贡说："假如有这样一个人，能广泛地给人们带来很多利益，能帮助大家过上很好的生活，助力到大家，这个人怎么样？可以称之为仁吗？"孔子大加赞赏说："这何止是仁道，这是圣德，达到圣人的境界了，尧和舜恐怕都不容易做到。"

什么是仁？孔子用12个字做解释："己欲立而立人，己欲达而达人。"自己想立足，想立身行道，也要帮别人立足立身；自己想要发达，也要帮别人发达。从自身出发，推己及人，这就是实践仁道的方法。

有人会说，这不可能。不是不可能，是你的境界没达到，达到了就可能，推己及人是可以实现的。后世文化传承中有两个字和它很相像，就是慈和悲。慈叫无缘大慈，悲叫同体大悲，同体就能换位思考，如果有太多的抱怨会承受不了。比如，女员工怀孕了，很重的工作不能让人家来做，不能拿公事去压人家，那是一种自私。很多企业动不动就开会，各种会，都成文山会海了，把管理层、员工累得不行。员工很多活儿没干完又要开会，时不时开这种大尾巴会，都没有时间工作，只能晚上加班。就这么瞎折腾，怎么去爱人？要尊重这些劳动者。

> 子贡问政，子曰："足食，足兵，民信之矣。"子贡曰："必不得已而去，于斯三者何先？"曰："去兵。"子贡曰："必不得已而去，于斯二者何先？"曰："去食。自古皆有死，民无信不立。"

子贡问怎么治理政事，孔子说："粮食充足，军备充足，民众信任国家。"子贡说："如果迫不得已要去掉一项，三项中去掉哪一项？"孔子说："去掉军备。"子贡说："如果迫不得已，要在剩下的两项中去掉一项，先去掉哪一项？"孔子说："去掉粮食。自古以来，人都是会死的，如果没有民众的信任，国家就立不住了。"

一个企业靠什么维持？员工对企业的信任，讲信修睦。当员工失去信任、信心，企业必然走向衰亡。大家想过吗，员工为什么会失去信心？因为他们看不到希望，他们受到了伤害，他们得不到保护，他们没有未来。所以，我们说管理是爱人的智慧。你爱他，他才信任你。

怎么去爱员工？你爱他，所承诺的事项就要兑现。让他看到企业有发展前途，让他明白和企业是共命运的。这样，企业即使遇到困难也能冲过去。企业有困难不怕，就怕失去人心。人心在，困难都能顶过去；人心不在，即使平安无事，也可能一朝崩溃。

所以，这里选了几条，谈到仁者爱人的话题，"使民以时""富之""教之""博施于民而能济众""己欲立而立人，己欲达而达人"，这都是管理中重要的点。切记，管理不是简单的我管你，仁者爱人，是爱人的智慧，讲的是怎样去爱人。我们通过学《论语》能看到这些智慧，现代社会应该好好传承和践行。

那个时代，虽然有社会阶层之分，分诸侯、大夫、士、庶民，但都能提出爱人的思想。今天人人平等，都是社会公民，怎么让员工富之，并教之，这是企业管理者的责任。要让员工过上好生活，要提升员工的道德修养和情操，让员工对企业有信心。要尊重他们的休息时间，尊重他们的工作。这些都值得我们好好去思考。

以德化民

第三条，以道教民，以德化民。这是孔子所主张的管理。

子曰:"道之以政,齐之以刑,民免而无耻;道之以德,齐之以礼,有耻且格。"

孔子说:"用政令来治理百姓,用刑法来制约百姓,百姓可暂时免于罪过,但不会觉得不遵行是可耻的,他没有羞耻心;如果用道德来教化百姓,用礼教来约束百姓,百姓不但会有廉耻之心,还愿意纠正自己的错误。"

对应这个"道"的是哪一个字?导,引导的导。"道之以政,齐之以刑",使用政令和刑法。我先发布一个政令,干不好就罚你款,干不好就处罚你,再不行就开除你。用这种模式不停地发号施令,不停地处罚。这种管理模式会带来什么结果呢?"民免而无耻"。什么叫"民免"?百姓会暂时顺从,会改正错误,不敢犯错误。"无耻"是什么意思?内心并没有羞愧心,并不知道什么才是正确的,不以犯错误为耻。你为什么不犯错误?因为我怕挨罚;如果不罚,那我就可以犯。所以,他犯不犯错误跟心无关,跟刑法和政令有关。企业如果这样,会造成和员工的对立,只要你的制度没有覆盖到,只要管理者没有看到,员工还会犯错误。

以前有一个搞铸造的企业,员工使用钢材特别浪费,企业就抓,抓了就罚,罚得很厉害,有时能把一个月工资扣没了。但是钢材使用量还是很大,依然找不出原因。后来,这个企业倒闭了。再后来,这个地方搞房地产开发,挖地基时发现在离地面一尺深的地方埋藏了很多钢材,并且都是可用的,是员工偷着埋起来的。为什么?因为员工恨企业，把那些好钢材挖坑埋起来报复，和企业对着干。

在古代主张什么？"道之以德，齐之以礼。"用什么来引导员工？德教。用什么来规范员工？礼教。中国人叫制礼作乐。礼，告诉他什么是对的，再用德来引导他，因为人人皆有好德之心。这样，员工不仅有了廉耻之心，而且还会"格"。格当什么讲？一方面能纠正自己的错误，一方面进退有度。人格的格，这样就有人格，就有做事的分寸和标尺，不需要领导说，自己都明白了。甚至有时领导多看一眼，都觉得对不起领导。

这里提出了两种管理模式：一种是"道之以政，齐之以刑"，一种是"道之以德，齐之以礼"。两种管理模式产生两种结果，一种是"民免而无耻"，一种是"有耻且格"。你选哪一个？你还要走"道之以政，齐之以刑"的老路吗？所以，儒家主张教化，主张"以道教民，以德化民""制礼作乐以安民""移风易俗，莫善于乐；安上治民，莫善于礼"。这都是儒家提出来的，用这种方法让整个社会发生变化。刑罚不是不用，而是不能只靠刑罚，过度使用刑罚是没有用的。

大家知道，秦朝的刑罚非常重。到秦朝后期，就是因为刑罚过重，才导致叛乱。陈胜吴广起义，这些人如果不起义也是死，那不如起义。包括后来刘邦也是，他押解一些犯人去骊山，走到半路，人逃了一大半，不能交差。既然这样，干脆就起义吧！把百姓逼到了起义的地步，刑罚有用吗？整个大秦王朝不到二十年就灭亡了。

"秦人不暇自哀而后人哀之，后人哀之而不鉴之，亦使后人而复哀后人也!"多可惜啊,始终没有想明白。汉朝发现这个做法不对,要赶快改,怎么办?重视儒家,"罢黜百家,独尊儒术"。为什么独尊儒术?因为"道之以德,齐之以礼"才是根本道路,秦朝的路走不通。

叶公问政。子曰:"近者悦,远者来。"

叶公问政,孔子说:"使近处的人都能愉悦,使远处的人都来投靠,这就是最好的政治。"你的企业是这样吗?员工是不是每天生活得很快乐,远方的人都愿意来归附你,都愿意到这个企业来上班,都说:"张总啊,你们企业还招人吗?我自荐一下。"企业为什么能出现"近者悦,远者来"?这样的企业怎么打造出来?大家想过吗?是本来就这样吗?领导者并没有刻意去处罚谁、指责谁,但是,员工在自动自发地工作、快乐地工作。他在工作中找到了价值,找到了成长,看到了未来,工作对他来说是幸福的,是有成就感的,所以,他才会悦。这是一个昂扬向上的企业,其他人自然就会向往。一家兴仁,这个企业管理就做好了,良好的状态出现了。

子张问于孔子曰:"何如斯可以从政矣?"子曰:"尊五美,屏四恶,斯可以从政矣。"

子张问孔子,如何治理政事?孔子说:"推崇五种美德,摒弃四种恶政，就可以治理政事。"这里讲得更明白了。哪些要推崇？哪些要赶快抛弃？这里讲到管理的实操部分了。

子张曰："何谓五美？"子曰："君子惠而不费，劳而不怨，欲而不贪，泰而不骄，威而不猛。"

子张说，什么是五种美德？孔子说，"惠而不费"，百姓得到真正的实惠，但并不是去耗费国家的钱财，不是无限制的高福利；"劳而不怨"，百姓劳动却没有怨言；"欲而不贪"，百姓有正当的追求，但是并不贪婪；"泰而不骄"，每个人都泰然自处，但并不骄傲；"威而不猛"，每个人都很庄严，有威仪，但是不凶猛、不可怕。要推崇这样一种管理态势。这五美是相对于管理者来说的，也可以说是"管理者五美"。

"五美"具体是指什么呢？

子张曰："何谓惠而不费？"子曰："因民之所利而利之，斯不亦惠而不费乎？择可劳而劳之，又谁怨？欲仁而得仁，又焉贪？君子无众寡，无小大，无敢慢，斯不亦泰而不骄乎？君子正其衣冠，尊其瞻视，俨然人望而畏之，斯不亦威而不猛乎？"

这里讲到管理的核心了。

何谓"惠而不费"？怎么让员工挣到更多的钱，而不是把股东的投资款全发了？怎么做到员工工资上涨，待遇提高，股东也获益甚多？"因民之所利而利之，斯不亦惠而不费乎？"也就是解放生产力，发展生产力，让人们动起来，去创造价值。所以，钱从哪里来？从劳动中来，从有价值的劳动中来。谁组织了这样有价值的劳动？管理者。

"择可劳而劳之，又谁怨？"在合适的时间做合适的工作，员工怎会有怨言呢？他在劳动中找到了快乐，满负荷而不超负荷，既不怠惰也不过度劳累，而且按劳得酬，就没有怨言。

"欲仁而得仁，又焉贪？"员工的内心是追求美好的，引导员工去追求那些仁德，而不是追求那些过度的欲望，他怎么会贪求呢？员工的贪求跟我们错误的引导有关，应该追求什么，这很重要。所以，员工的欲望一不小心是被我们引导出来的呀！如果我们引导他做一个追求善良美好人格的人，他的贪心怎么会滋长？

"君子无众寡，无小大，无敢慢，斯不亦泰而不骄乎？"在企业，人人平等，但管理有分工，我是董事长，你是员工。人和人是一样的，没有什么等级之分，所以，无大小，无敢慢。人和人是互相尊重的，只是在分工上我是校长你是老师，工作以外，我们可以拉家常如亲人一般，怎么会有骄慢？骄慢来自自己，没有认清自己的岗位。岗位是公共的，不是你个人的，是为了行使责任，你叫经理，你叫副总裁。副总裁是为了推动一项事业，不是拿来骄慢的条件和理由，你和员工一样都是企业的一员，只是分工不同而已。我的分工是校长，你的分工是班主任，分工不同，是没有任何理由去骄慢的；骄慢是没修养，是不懂事，是错用了你的岗位权力。如果没有员工，你能当总裁吗？如果没有老师，你能当校长吗？

"君子正其衣冠，尊其瞻视，俨然人望而畏之，斯不亦威而不猛乎？"企业不是大街也不是家庭，每天着工作装或正装，端正庄严，自然有威仪。没有厉声厉色训斥别人，别人还会对你很尊敬，对你又敬又爱。

"敬爱"这个词说得很好，敬爱的周总理、敬爱的张总、敬爱的王老师，都是让人又敬又爱的人。敬你的衣着，敬你的德行，敬你的才华。爱是什么？你对我不伤害，你爱着我，我才爱着你，爱是相互的。

这五种美应该在管理中被推崇。我们再来回顾一下是哪五美：惠而不费，劳而不怨，欲而不贪，泰而不骄，威而不猛。惠而不费，帮员工赚钱，而不是耗费钱财；劳而不怨，合理地安排劳动，让员工无怨言；欲而不贪，让员工有正当的追求而不是助长他们的贪心，这个欲是正当追求；泰而不骄，让员工在岗位上各安其位，而不是因岗位而骄慢；威而不猛，每个人做到威严庄重，但并不是吓唬威慑别人，那个没意思。做到这五点，就是一个优秀的管理者，"五美"管理者。

那么，什么是"四恶"？

子张曰："何谓四恶？"子曰："不教而杀谓之虐；不戒视成谓之暴；慢令致期谓之贼；犹之与人也，出纳之吝，谓之有司。"

子张问，什么是四种恶政？孔子说："不进行教化就杀戮、惩罚，逼人家就范，这属于虐待；不加训诫、劝诫，便要求作出成绩来，叫粗暴；前期很懈怠，突然要求限期完成，这叫贼，老是去干扰人，安排非正常工期的工作；跟员工说好了，但等到要兑现的时候却很吝啬，这叫小家子气。"跟员工说："咱们公关把这个市场拿下来，这个月奖金先发20%。"项目完成了，业绩达到了，奖金却没发下来。这四种恶，是管理者最容易犯的四种错误。

我们再来回顾一下。第一种，不培养员工，却让员工出结果，"不教而杀谓之虐"，这不可能。因为员工还没学会呢，所以要教，管理很大一部分工作是教员工。记住，教员工是我们自身的责任。我们办了社团，开了好多会，做这些事情我们不能逼他们，如果逼他们，就叫"不教而杀"。比如，要推动我们学校的发展，我亲自来带老师们。第二种，"不戒视成谓之暴"，老师们想做事情，我一定提前反复劝诫、提醒，多说一点儿，有的事不可能这么容易成就。立马想看到成果，这是无因之果。第三种，我们要做一件事情，要有计划，什么时候完成什么事，不能到时候突然打个电话过来："张老师，你的员工我没有教好。""校长，我完不成任务了。""你咋不早点儿告诉我呢？这不是扰乱我的正常工作吗？"第四种，承诺老师们只要完成指标，就可以改善薪酬待遇，到时候指标完成了却不兑现，"出纳之吝"会扰乱人心。

管理中出现四种恶，代表管理者本身不明白。那怎么办？

第一，要学会教人。教了还不行，怎么办？

第二，去现场检查指导，光教不行，要去指导。

第三，要定计划、定工期。

第四，完成了要兑现承诺。

前、中、后四个步骤紧密联系。前面要教，过程要指导，还要给人家时间、计划。最后，还要兑现。这四个步骤不走，事办不成。总的来说，管理就是尊美屏恶。

我们今天学《论语》有没有用？太有用了。这些问题很多企业还存在，还在犯。把这五种美德创造出来，谁先做？先正己！我们先尊五美，再断四恶，都从我们自己开始。

> 子夏为莒父宰，问政。子曰："无欲速，无见小利。欲速则不达，见小利则大事不成。"

子夏到莒父做地方官，问老师怎样治理政事。孔子说："不要急于求成，不要贪图小利。急于求成，反而达不到目的；贪图小利，则办不成大事。"

你到一个地方任职，不要急于求成和贪图小利。欲速则不达，应先了解情况，不要邀功，不要贪功，以道教民，以德化民，要推崇五美，要摒弃四恶，这都需要时间。把这些事情做好，事就成了。要沉下心，一步一步去做那些扎实有效的事情。如若不然，违背了客观规律，贪小利则大事不成。

什么叫成大事？种一棵苹果树，想要结出苹果，至少得等三年。

你用三个月求成,那不可能,对不上这个时间。所以,我说大事要大办,小事要小办,重要的事情要沉住气,等得起。不要因小失大,不要因为求快,反倒把事情给破坏了。因为教民化民,都是需要功夫、需要时间的。关于儒家主张的教化之道,正己之道,我就讲这些。

选贤与能

最后一条讲用人,选贤与能。孔子在《论语》中讲了很多处,我摘一部分分享给大家。

> 舜有臣五人而天下治。武王曰:"予有乱臣十人。"孔子曰:"才难,不其然乎?唐虞之际,于斯为盛。有妇人焉,九人而已。三分天下有其二,以服事殷。周之德,其可谓至德也已矣。"

这里讲人才有多重要。舜有五位贤臣,天下就得到了治理。武王说,我有十位能治理天下的臣子。武王为什么能把天下治理得这么好?他有十位臣子,人才济济。孔子说,人才难得,不是这样吗?唐尧虞舜以及周武王时代,人才鼎盛,而且武王这十位治国人才当中,还有一位是女性,多了不起!文王得了天下的三分之二,还依然奉事殷朝,道德多么高尚!

这里举了两个人物，舜有臣五人，武王有臣十人。我们今天做企业，您有臣几人？怎么向古人学习？如果没有这些人，怎么做这些事？我在云南昆明讲了一堂课，叫"人才战略"。事由人成，人起不来事不成。

仲弓为季氏宰，问政。子曰："先有司，赦小过，举贤才。"曰："焉知贤才而举之？"子曰："举尔所知。尔所不知，人其舍诸？"

这话讲得很有意思。仲弓做了季氏的总管，问怎样管理政事。孔子说："自己先给下属、各部门主管人员作出表率，要正其身；原谅他人的小过错；最后，很重要的是提拔那些贤能的人。"

仲弓问："怎么知道哪些人是贤能呢？"孔子说："提拔你所知道的。那些你不知道的，难道会被埋没吗？不会。"先树风气，把那些你知道的贤能之人都培养出来，其他人一看，近者悦，远者来。那些人说我也是贤能，我来自荐。这种风气已经形成，已开风气之先河。

"举尔所知"，不知道哪里有贤才，不要管那么远的事，从身边做起，把身边的贤人先用起来。近处的贤人用起来了，远方的贤人就能过来。有的企业家说，我的企业没有一个能人，我看别的企业都有。这话是错的。你的企业哪怕只有20个员工，里面也一定有贤人。你会举用他并用到合适的位置吗？你举贤了没有？任贤了没有？你把这个人才用好，其他人才就会陆续走来，出现"越陌度阡，枉用相存"的局面。

再来看，如果举贤才举不好会怎么样？

> 哀公问曰："何为则民服？"孔子对曰："举直错诸枉，则民服；举枉错诸直，则民不服。"

这在管理中太有意思了。鲁哀公问："我怎么做才能使百姓服从呢？"孔子说："把正直的人提拔上来，使他们位居不正直的人之上，百姓自然就服从了。如果把不正直的人提拔上来，使他们位居正直的人之上，百姓是不会服从的。"

这在今天的管理中也特别重要。"举直错诸枉""举枉错诸直"，这两句话有点儿绕。简单理解，就是把好人、正直的人放上边，而不要把坏人放上边。企业最怕用错人，用了不该用的人。大家都不尊敬他，都不喜欢他，都不佩服他，领导还要提拔他，大家会服吗？不服。不服会怎么样？会混乱。用错一个人，乱掉一摊子，这种事不是没发生过。

以前，我和一个朋友争论。他要用一个人，那个人我认识，我说这个人不可用，他说一定可用，我们俩争论半天，他也没有说服我，我也没有说服他。最后，他把这个人派到一个部门。不到半年，部门解散了。部门员工无法承受，用错人了，民不服啊，他不懂这个道理。

选拔人的要求是什么？领导者自身要有眼力，会判断，什么人适合提拔，什么人不适合提拔。把人提拔错了，会制造混乱。所以，如何用人是一门大学问，是专业学问。一个县要用好一个县长，用不好，民怨很大。用人可是大事，要听民声。我们在学校也是，用好部门长，用好班主任。用不好，底下的人不服气，人员带不动，工作就起不来。

所以，要经常去倾听，看你的企业是"举直错诸枉"，还是"举枉错诸直"，看各部门啥情况，员工为什么不团结，为什么不服气，甚至对企业失去信心。失去信心会怎么样？自古皆有死，民无信不立。员工对企业失去信心，这个企业立不住。为什么立不住？用人出了大麻烦、大毛病。这个问题一定要慎重。在重点人物培养、使用上，一定要谨慎。

定公问："君使臣，臣事君，如之何？"孔子对曰："君使臣以礼，臣事君以忠。"

鲁定公问："君主怎样使任臣下？臣子怎样奉事君主？"企业员工不尊重管理者，就是在浪费自己的时间。你觉得你很帅、很酷，我就不服从，就搞对抗，就不敬上，好像挺有个性。你有什么个性？忠诚是你的岗位要求，要么你离开这个企业，要么你就忠诚，就这么简单。你觉得企业不对，你可以选择离开。如果企业做得对，你必须忠诚。企业做得对，你又不忠诚，你就是在耽误自己的青春，所以,"君使臣以礼",这是管理者要做到的;"臣事君以忠",这是员工要做到的。哪怕你很有才华,你不忠诚,就已经失去了职业人的本分。

齐景公问政于孔子,孔子对曰:"君君,臣臣,父父,子子。"公曰:"善哉!信如君不君、臣不臣、父不父、子不子,虽有粟,吾得而食诸?"

齐景公向孔子问政,孔子回答说:"国君要像国君,臣子要像臣子,父亲要像父亲,儿子要像儿子。"景公说:"好啊!如果真的国君不像国君,臣子不像臣子,父亲不像父亲,儿子不像儿子,即使有粮食,我能吃得到吗?"

现在常听到这四个词,君君、臣臣、父父、子子,觉得这是在压制个性,又不让做什么了。不是这个意思,是强调每个人都要敦伦尽分,守伦常大道。你在哪个位置,就要担起哪个位置的责任。你现在是君,就要像君一样;你是臣,就要像臣一样。君不像君,臣不像臣,企业不得倒闭?父不像父,子不像子,家庭不得离散?

很多人傻,说我们家有小皇帝,我们家的小皇帝是我儿子。你要毁了这个家吗?他就是儿子,上面有爸爸妈妈,有爷爷奶奶,他怎么能是皇帝呢?吃饭他先吃,骑着爷爷还打爷爷,这是会毁家的,这是不明理,是糊涂。一个家,父亲就要像父亲,儿子就要像儿子。一个企业,领导就要像领导,员工就要像员工。这不是剥削压制,是各安其位，是高效配合。它是一种合作关系，是礼，是秩序。

  子曰："道不同，不相为谋。"

  我们要选人，怎么选？孔子说，志向主张不同，不要在一起谋划共事。所以，选人的时候不要简单看才华、看学历，看什么？看道。道如果不对，这个人你不能选，不能用，不相为谋，一定要小心。尤其是做大事，需要什么？需要情怀。没有情怀的人不要深交，不可共谋大事，要注意。

  我们在选择高层管理者的时候，要特别注意这一点，不是简单地看才华，看他做过什么事情，取得什么样的业绩，要看他的思想、他的追求，他有没有这个道。如果没有，很难跟他一起走到未来。比如，投资做一件事，你占20%，我占60%，他占20%，三个人一起做事，两年后出问题了。为什么？道不同，后患无穷。道不同，不可以为谋，尤其是谋大事。

  最后一段：

  子张学干禄。子曰："多闻阙疑，慎言其余，则寡尤；多见阙殆，慎行其余，则寡悔。言寡尤，行寡悔，禄在其中矣。"

  子张请教求得官禄的方法。孔子说："多倾听，把不明白的放到一边，谨慎地说那些你真正懂的，就能减少错误；多观察，把不明白的保留心中，谨慎地行那些你真正懂的，就能减少懊悔。言语少犯错误，行动很少后悔，你就有官职俸禄了。"

这是给职业人的指导。怎么做好职业人？多倾听，听领导的，听客户的，听员工的，听同事的，那些不明白的先别着急下结论，先放一放，还没弄明白，着急说它干啥？说哪些话？说那些你真正懂的，你可以驾驭的，这样就能少犯很多错误。你还没弄明白就不要说，多观察，多找信息，多分析。做哪些事？做那些自己真正懂的，看得明白的，这样就能减少事后的懊悔。

很多管理者很冲动，事情还没有看清楚，就拍胸脯大包大揽，这得听我的，我来告诉你们这么干。你弄明白了吗，就听你的？领导说："张经理，东北这个市场你去看一看。"领导话还没有说完，你就表态："领导你放心，东北市场交给我，肯定没问题。"领导怎么放心？话还没有交代清楚，都没有明白怎么回事，你就跑去了，是不是冒进？

《诗经》说："战战兢兢，如履薄冰。""夙兴夜寐，以事一人。"人有这种精神状态，就会少犯错误，少后悔。一步一步地成长，稳步前进。没有重大失误，就会有官职禄位。什么是官职禄位？做了你该做的，说了你该说的，得了你该得的。我们怎么做好职业人？说得很清楚，"子张学干禄"，这么干就很好。因为你上面还有领导，不需要什么事都你来决策，多听多观察，然后就好办了。

《论语》中孔子说的很多话，我在管理中都实践过，确实如此，非常认可和信服，也希望更多的管理者真正地投入这种管理思维中。

中国在那个时代，对管理就有这么高的见地，我们后人何其惭愧！

习近平总书记说："读优秀传统文化典籍，是一种以一当十、含金量高的文化阅读。"所以，在此建议大家，多看这样的书，尤其做管理的，高高山顶立，多读几本有质量的经典好书。

03 管理智慧之如何做人

习近平总书记说:"儒家思想同中华民族在形成和发展过程中所产生的其他思想文化一道,记载了中华民族自古以来在建设家园的奋斗中开展的精神活动、进行的理性思维、创造的文化成果,反映了中华民族的精神追求,是中华民族生生不息、发展壮大的重要滋养。"这些经典中的宝贵智慧对于今天的我们,依然有着重要的作用。

前面谈到,做企业的成功是做人的成功。那么,要做一个什么样的人?什么样的人才能称为成功的人?《论语》这部书给了一个标准答案,那就是"君子"。所以,现在重点谈一谈《论语》中关于君子的内容。

很多朋友说,我是做企业的,和君子有关吗?当然有关。如果我们做成君子,那就是做人的成功。做人成功了,做企业成功也就不难。

君子的标准

《论语》中关于君子的论述很多，我摘取了 10 条与大家一起分享。

第一条　君子不器。

"器"在古代是器皿的意思。"不器"是什么意思？君子不能像器皿一样。器皿只有一种用途，盆就是盆，碗就是碗。君子能大用，做什么都行。在企业当中也有这样的高端人才，行政管得很像样儿，质量管得很好，人力资源管得也很专业。为什么能达到这么高的水平？因为"君子不器"。

好多人纳闷，为什么可以做到"不器"？因为君子本身是明道之人。万事万物在现象世界看似有区别，而在道上是相通的，因为明了道，所以能够"不器"。我们也可以说，总裁不器，董事长不器，擅长很多方面。这是我们作为当家人应该追求的一个方向。

第二条　君子和而不同，小人同而不和。

君子和周围的人和谐相处，也保持着自己独立的见解，而不是盲目附和，失去立场。小人因为不讲原则，沆瀣一气，所以看着相同，实际不可能真正和同。内在没有共同的追求，同的只是眼前的利益。

记得有一年去方太做访学，我问方太的一个管理者："你认为管理的核心是什么？"他想一想，告诉我："我认为是和而不同。"是的，和而不同恰恰是管理中的一个非常美妙的现象，在文化上"和"，在分工上不同。这正是"和而不同"在企业管理中的妙用。

我们常说没有完美的个人，但是有完美的集体。完美的集体是怎么出现的？就是"和而不同"有机地组合在一起。重点是哪个字？和。和在哪里？和在道上，和在文化上。君子才会"和而不同"啊！

第三条　君子坦荡荡，小人长戚戚。

君子心胸开阔，做事光明磊落；小人内心阴暗，总是充满烦恼，总是嘀嘀咕咕，因为很多事不敢告知于人，藏着很多阴谋诡计。君子为什么可以坦荡荡？他做任何事，都合于道，什么事都可以告诉别人。为什么可以告诉别人？这个事本来就是利他。

第四条　君子周而不比，小人比而不周。

君子和正道义友广泛地交往，但彼此并不勾结。而小人呢？互相勾结在一起，却不顾道义。这是君子和小人的差别，也是后人说的"君子之交淡如水，小人之交甘若醴"的差别。君子之间的交往看着很平淡，但真正有事时，以道相见；小人之间的交往看着很甜蜜，但遇到患难时，树倒猢狲散。

第五条　君子怀德，小人怀土；君子怀刑，小人怀惠。

"君子怀德"，君子心心念念想着做一个有道德的人。"大学之道，在明明德"，其追求是做这样的一个人。

"小人怀土"，"土"在古代代表财产，小人想的是追求更多的家财、更多的土地，管控更多的个人财富。

"君子怀刑"，有两种说法。一种是说君子谨严于法度，对国家法度很尊重并能遵守，不逾越法度，不破坏法度。"刑"当法度讲。还有一个说法，"刑"当榜样讲，君子总是向往那些先进榜样人物。

"小人怀惠"，小人只看个人的利益，并没有想到还有法度，他可以随时逾越法度，轻蔑法律。所以，在法律面前，能看出谁是君子，谁是小人。

第六条　君子喻于义，小人喻于利。

君子看重的是道义，而小人追求的是利益，是一己之利、眼前之利。小人甚至为了利可以损人，而君子以道义为先。

第七条　君子泰而不骄，小人骄而不泰。

君子内心很坦荡，对人也不骄慢，不盛气凌人；小人对人很骄横，很傲慢，但内心是忐忑的，是不安详的，是恐惧的，是很见不得光的，是不敢对人说的。

第八条　君子上达，小人下达。

君子追求向上去通达仁义道德，而小人喜欢向下去追求财富名利。追求方向不一致，君子以上为求，小人以下为求。

第九条　君子求诸己，小人求诸人。

君子遇到事情，总愿意先找自己的过错，愿意反思，愿意生惭愧心。而小人总是把问题直接推给别人，苛求别人，埋怨别人。所以，能够担当、反省的人，有君子之风。凡是推诿、抱怨的人，往往不像君子。这个差别很大。

第十条　君子不以言举人，不以人废言。

君子不因为某个人一段话说得好，就轻易地推举他做官，也不因为某个人有缺点而废弃他说过的那些话。君子看人是综合地看，既看言论，也看行为，通过长期观察，再决定是否选用。同时，即使这个人有这样那样的不足，也能肯定他的优点。

以上是"君子"和"小人"的特征。我们这里讲的是管理智慧，大家可以想象一下，如果你的企业有100个员工，你希望他们像君子，还是像小人？这是一个问题呀。有人说："老师，我当然希望像君子了。员工都像君子，企业多好管啊，企业自然风气很正，效率很高。"也有人说："老师，不对，员工都像君子了，能挣到钱吗？都不追求利润了，企业不坐吃山空吗？"如果你这样思考，说明你对君子和小人还是没有看懂。

君子与小人的差别

我们来分析一下这十条。君子和小人，差别到底在哪里？有人说："那很容易看出来呢，君子道德高尚，光明磊落；小人道德卑劣。所以，后世说谁是小人，像骂谁一样。"这个差别对不对？很明显也是对的。的确，从道德行为来看，君子和小人差别很大。

我相信，没有人愿意做小人，都愿意做君子。可君子和小人真正的差别是什么呢？通过读圣贤书，可以看出他们之间真正的差别是两个字，即"智"和"愚"的差别。也就是君子其实是智者，小人是愚人。君子为什么是智者？他这么做，他不是伪装，也不是要折磨自己，他以此为人生的追求，以此为乐。说到这里，相信一定有很多朋友有此共识，在做君子的过程中找到了生命的快乐。

记得有一年，我去某省某县做教学，那个县的县长一身正气，两袖清风，他说："如果我有半点儿贪污，任何人都可以检举我。"吃完饭，我们跟他聊天，很敬佩他。我问："县长，您为什么不贪污？"他笑着说："李老师，您这个问题像考我一样。答案您都知道。"我说："什么答案？""因为我没有那么愚蠢啊！您看我现在工资这么好，国家这么器重我，还能为社会做点儿实事，我何必贪污？何必自毁前程呢？何必毁掉我奋斗了40年来之不易的美好生活呀？那么多人器重我、帮助我、尊重我，多么好的生活啊，还能做一些有价值的事情。如果我去贪污，我毁的不是别人，是我自己呀！我这点儿智慧还是有的。"这个案例让我反思，原来贪污和不贪污，不是道德的差别，居然是智和愚的差别。原来如此啊！

仔细想想，小人为什么成为小人？就是这个道理没有想明白，人生的理想和追求没有设置对。所以，没有天生的君子和小人。一个人成为君子还是小人，和年少时所受的教育有关，和他自小所受的家庭教育、学校教育、社会教育息息相关。因为整个教育环境、教育理念不同，导致有的人成为君子，有的人成为小人。

孔子当年慨叹："诗书之不习，礼乐之不修，是丘之过也。"什么意思？这个社会呀，大家不去习读《诗经》《书经》，不去修行礼乐，这是我们这些当官的、当老师的过错呀，没有带领百姓从愚向智。处在愚昧状态下，小人就越来越多；开启了智慧，君子就越来越多。那么，怎么开启智慧呢？习诗书，修礼乐。所以，圣人并不是刻意去贬低小人，也没有把小人当成坏人。只是反映社会现象，一方面鼓励大家好好做君子,一方面提醒自己要帮助那些更多需要开启智慧的人。

在古人眼中,小人不是坏人,是需要启智润心的人,是这么一个思维判断。到了今天,我们说这是小人,他这个行为很小人,小人已经成为坏人的代名词了。过去这个词是比较中性的,"小"只是智慧还没有开显,格局比较小,道理没有通达,思想比较愚暗,眼光不够,所以成为小人。我们可能都有一段小人的经历,从小人成长为君子,不是一出生就是君子。

为何要做君子

我们为何要做君子?做君子干吗?做君子会不会很累?"你别装了,还装君子,装不住了吧!"君子在这个社会能生活下去吗?我们在学校教孩子传统文化,有朋友提醒说:"可不能再教了,你教的孩子都这么彬彬有礼,能进入社会吗?"我说:"都学犯罪就能进入社会了?学自私自利就能进入社会了?也不是。"

为什么做君子?我们来思考这个问题,这可是一个大问题。这个问题想清楚了,大家会愿意做君子,快乐做君子。

君子的生活状态,用五个词来形容,叫人脉、资源、互利、成功、快乐。这五个词,属于君子。

首先,关于人脉。相信大家一定很喜欢君子的为人,这样的人多好。君子不器,君子泰而不骄,君子和而不同,君子坦荡荡。有这样一个朋友，谁不喜欢？跟他在一起合作，推心置腹，光明正大。所以，君子一定会有很好的人脉。

"这不对呀老师，小人也会有人脉。"错了，小人那个人脉是"以利交者，利尽而交绝"，不长远。而君子的人脉，"以道交者，天长而地久"，一旦交了朋友，就一辈子是好朋友。所以，君子的人脉关系很长远，交一个是一个。

有了人脉，什么会大？资源。人脉会带来资源，带来机会，带来商机，带来合作，带来市场，带来信息，带来新技术……你的企业做事需要一笔资金，"我来帮你""这有一个商机，我帮你推荐一下"，都很好。订单给你做，资源出现了，为什么？因为你是君子，值得信任。我们愿意把信任交给君子，不轻易把那些重要任务交付给小人，为什么？担心小人误事。

有了资源，君子和君子之间会互利。互利，你帮助我，我帮助你，大家互相帮助。君子有君子之风，不喜欢占别人便宜。如果你需要帮助，我一定会帮助你；如果你帮助了我，我一定感恩你、回报你——"受人滴水之恩，当以涌泉相报。"君子每天在想着这个事。他这次帮了我，日后我要想着怎么帮别人，形成一个互利的状态。

因为互利，所以更容易成功。和朋友互利，和客户互利，和员工互利，和国家互利。只为别人着想，心胸很开阔，所以更加坦荡荡，更加泰而不骄。既不骄傲，也不焦虑。为什么不需要焦虑？生活过得很好啊，不缺人脉，不缺资源，互相帮助，彼此成就。这样的人生，多好啊，这是君子的生活状态。

小人呢？那就麻烦了，处处画叉。也会有人脉，但是这个人脉几乎就是互相利用。一旦资源被榨干，立刻就告别，这是互相利用的关系，并没有真情实意，而是无情无义。见面互相看什么呢？看你有什么资源，我有什么资源，咱俩怎么互相利用，我利用你，你利用我，一旦没有资源可利用就算了。或者他有资源，我要攀附于他。等他威风不再，失去了地位，转身就不和他往来了。

趋炎附势，这就是小人的作风。所以，人脉时断时续，难以积累，像盖楼一样，盖个楼倒了。交个朋友，刚开始关系不错，过了半年，断了。为什么？以利相交，以利相争。因为一点儿利益，崩了。资源积累不起来，那就很累。积累不起来怎么办？再去找资源。辛辛苦苦找了半天，找到资源了，找到人脉了，结果一次考验，又崩了。也不能形成互利，是互相利用，而不是互相成就。所以，最终也很难成功。

自己也不快乐，有了钱也不快乐，因为希望有更多的钱。没有朋友，没有推心置腹的朋友，没有可以信任的朋友，因为每天算计别人，所以担心别人也算计自己。这个项目投还是不投？不投不能赚钱，投了担心被算计，辗转反侧。因为老是这么思考问题，所以，做小人其实特别累，特别不容易。

小人的命运，我们用三句话来形容。第一句话，"为什么大家都不尊重我？"事实是他经常不尊重别人，但他不知道。他不尊重别人已经习惯了，这是小人的行为。但是当别人不尊重他时，他受不了。

第二句话，"为什么别人都不帮助我？"事实是他很自私，没有帮助过别人。总是希望别人来帮助他，而很少想过主动去帮助别人，甚至帮助别人一次都作为条件来要挟。

第三句话，"为什么我总是被人算计？"事实是他太习惯算计别人，时时处处算计别人。当有一天别人算计他时，他就受不了。

所以，小人总是自作聪明，觉得我可以不尊重别人，别人必须尊重我；我可以不帮助别人，但别人要帮助我；我可以算计别人，但别人不准算计我。大家想一想，有这样的道理吗？这样的道理能成立吗？可他却认为能成立。这就是为什么小人"愚"。愚就是不明理，不知道整个人际关系的法则是互利，不知道因果关系。他总是在不停地使用手段、小聪明、小伎俩，而不能使用大道去获得他应得的东西。小人吃亏啊，这是他的命运。

举个例子。两个年轻人在企业中，一个走的是君子路线，一个走的是小人路线。走君子路线的年轻人，每天"坦荡荡""周而不比""泰而不骄""和而不同"。而走小人路线的年轻人，每天"长戚戚""比而不周""同而不和""骄而不泰"。大家可以想一下，这两个人，五年后发展状况会一样吗？天差地别啊。作为领导，一定愿意培养君子。因为人本能地都不希望被别人伤害。一旦领导发现你是小人，他就开始防范你了。发现你不对了，就要远离你，把你边缘化，不敢委以重任，担心有一天你手握重权，伤害他人。所以，企业领导英明，他总会把那些重要的责任交给那些有君子之风的人。

121

当你选择走小人路线时，就已经注定是一盘输棋，你说傻不傻？你说多可惜！

所以，中国人所谈的君子，不仅是简单的道德高尚，更代表一个人的思维明理，有正确的人生追求。不是逼着你道德高尚，是告诉你这么做是对的，是合理的，是有益于他人和自己的。弘一法师说："我不识何等为君子，但每事肯吃亏的便是；我不识何等为小人，但每事好占便宜的便是。"这句话真是一语中的。我们在生活中，很多事情要和人往来，一起出门买个票、吃个饭、做个事，总有肯吃亏的，总有好占便宜的。到这个时候，君子和小人立刻就分出来了。

为什么有人愿意做君子，肯吃亏，难道是因为他傻吗？不是，肯吃亏的人有胸怀，他知道忍让，他顾全大局，他愿意成就他人。另外，他不愿意说破，不愿意戳破，给人留下颜面，宁可吃个亏，宁可被别人占便宜。你占了一次便宜，人家就明白了，以后你不要再占我便宜，算了，就此分手。

而小人看不到这些，好不容易有一个朋友进入团队，机会来了，上手就要占便宜。便宜占到的时候，就是你脱离团队的时候，就是你被大家看到真相的时候，就是你再次走向穷途末路的时候。你说你傻不傻？你占这个便宜有必要吗？但是，习惯了，就好占这个便宜。

所以，在这种大是大非面前，那些好占便宜的似乎一时得了小便宜，但是往后看，眼前种种便宜实不便宜。肯吃亏的要么是君子，要么是高人，绝不是一般的傻人。包括国际上，大国之间的往来也是如此。那些好占便宜的，名为大国，实为小人；那些肯吃亏的，好像吃了亏，其实有君子之风，很多宵小之行为不愿意去做，觉得没什么意思。逞一时口舌之快，翻不了什么大风浪，也成不了什么大作为，最终只会成为他人的笑料。你方唱罢我登场，不知为何人做嫁衣裳，你说可笑不可笑？所以，一个人的行为举止决定了他在什么层面上，前途如何。

我在教学时常说，我们生在东方大国，要有大国风范，要有君子气象，那些小偷小摸的事尽量不要去做，实在无聊，自贬人格，自降段位，也占不了什么大便宜。所以，中国人在这个事上看得很明白，想得很清楚。中国人有自己的主张，不是在眼前去争这一点，看得长远，能顾及更多人的利益，考虑整个国家乃至人类的命运，思考的是这些大问题。总而言之，不以一时之得失去做判断。

下面，通过三个问题，让大家知道做君子和做小人，未来命运如何。

第一问：如果您是客户，您愿意和什么样的企业合作？有君子之风的？还是有小人之习的？相信您选择合作伙伴一定会选择有君子之风的企业。

第二问：如果您是员工，您愿意投身于什么样的企业？您到这个企业一看，作风不好，"长戚戚""同而不和""骄而不泰"，嘀嘀咕咕，钩心斗角，是非不断，您愿意去这样的企业吗？累不累啊？每天没空研究工作，净研究那些是是非非。这能换来绩效吗？能提升企业知名度吗？能获得共同的幸福吗？所以，在团队里玩是非，那是低端、愚昧的人走的路线，不产生真正的效益，只是一时小得意。放眼整个时代，不足为道。

朋友问我，团队里是非很多，怎么办？我说："不要应他，顺着楼梯往上跑。他们在二楼，你到八楼，就听不见了。"做你该做的事，人如果不能成长，那没有什么意义。每天在是非中，你也不成长，我也不成长，只是增加了很多烦恼。回顾过去，职业经历都是烦恼，有什么意思？要把人生做成成长，做成改变，做成创造价值，这多有意义！

第三问：如果您是领导，您更愿意选拔什么样的员工？是君子还是小人？您说，君子、小人怎么看得出来？读完《论语》就知道了。多读《论语》，高下立判。一看就知道，君子是这样的人，小人是那样的人，那就要小心了。不识何等为小人，但看每事好占便宜者便是，这个人这么好占便宜，他是小人。

我们说他是小人，不是说他是坏人，而是说他是一个不明理、不智慧的人。他不明理、不智慧，你要帮他。一时还帮不上怎么办？得先让他明理，把他培养成君子，再和他共事；否则，他会误事，他自己还不知道。他只会攫取眼前的蝇头小利，而不能顾全大局谋大利。

问完这三个问题，我们就知道人们都愿意和君子合作，愿意投身于有君子文化的企业，愿意选拔有君子之风的员工。那我们做人要怎么做呢？答案不言自明。

当大家发现你是小人时，你已经输了，输得很彻底，你在走向一条失败的路，难道不是愚痴和愚昧吗？所以，我们说君子和小人是智和愚的差别，不是简单的道德高下。君子不是无原则的道德高尚，君子有自己的思想、人生观。而小人并非是坏人，他是没有受过正确教育的人，最后把人生输掉了。所有人都知道他是小人了，他的所作所为，拿书一看，一比照，正是小人。大家说，赶快防范吧，远离他吧。不能委以重任，不能给他机会，不能托付大事，好事不告诉他。今天要开一个战略会议，他别来，误事。被边缘化了，多可惜呀！久而久之，什么好事都赶不上，这不没混好吗？

所以，古人说："君子乐得为君子，小人枉自为小人。"君子乐在其中，他是有收获的，他不是强迫自己做君子，他可不是一个伪装成君子的人，他不需要伪装，他觉得这样很好。做人就要这样，"入则孝，出则悌，谨而信"，这样生活多美好，内心多坦荡，坦荡是一种幸福。小人枉自为小人，白折腾。机关算尽太聪明，反误了自己性命，落了这个下场，可不可惜？

历史上做小人的，有好收场的吗？秦桧要杀岳飞，得逞了，然后给人跪着，一跪跪一千年。不觉得难过吗？子孙都以他为羞耻。小人一时猖狂，骂名千古，太可惜了！

所以，中国人为什么会塑这些像？为什么会讲这些故事？就是提醒我们不要走那条路，那条路不好走，不正确，是愚人之路。要努力做君子。君子不仅高尚，且是有智慧的人，人情练达，世事洞明，他会享受那份高尚、那份光明磊落、那份自在。而小人，躲躲闪闪，焦虑烦恼，多么可惜啊！

君子会被欺负吗

有人说:"老师,做君子会不会被人欺负?"你说会不会?我们看书中怎么讲。《论语》说:"君子道者三,我无能焉:仁者不忧,知者不惑,勇者不惧。"君子之道有三件事,孔子很谦卑地说:"我目前还没有做好。"

哪三件事?这三件事做到了,说明是君子——仁者不忧,智者不惑,勇者不惧;"三达德"——仁、智、勇。真正仁德的人,他并不忧虑忧患;真正有大智慧的人,他不迷惑;真正勇敢的人,他不惧怕。这是为什么?仁爱的人,乐天知命,内心不纠结,凡事以尽心为圆满,尽到心就可以了,所以无忧无虑。智慧的人,明于事理,洞达因果,所以不迷惑,凡事看得很明白。勇义的人,折冲御侮,一往直前,内心早已想明白了,无惧于生死,可以舍生取义,所以不惧。一个人不忧不惑不惧,你说他会被人欺负吗?把孩子教育成这样的人,我们还怕什么呢?

我们不是培养那种愚善的孩子,更不能培养伪善的君子,这都不对,这说明"理不明,智未达"。我们国家主张为孩子培根铸魂,启智润心,不是强迫孩子,不是把他逼成伪君子,而是通过开启智慧,润化心灵,使他成为真正的君子,从而获得内心的坦荡与快乐,不忧不惑不惧。

有人说:"老师,我们还有忧有惑有惧怎么办?"这说明我们离君子还有一点儿差距,还要继续努力。直到有一天,"三达德"皆成的时候就可以了。孔子也说"我无能焉",我还没做到,我还正在努力呢。

君子会不会失败

君子会不会失败?很有可能。但君子的失败和小人的失败是不一样的。对于君子,失败是成功之母;小人呢,成功是失败之母。人生走君子走的路线很有意思。比如,诸葛亮六出祁山而不胜,他是失败的。但后人非常敬仰他,为什么?他忠诚,忠于君主,忠于人民。所以,君子在事业上可能失败,但在人格上成功了。

另外,君子即使一时失败,但会在失败中总结原因,并能反思,因为"君子求诸己",凡事皆内求;小人呢,他可能一时成功,今天我欺诈你,后天我占你便宜,我占到了,这笔订单我多挣你10万。本来这笔订单只能挣50万,我通过算计你,70万进兜儿了。好,我继续算计你。这种成功就是失败之母,一旦人家发现,割袍断交,以后不相往来。

过去做生意,有一个"六七八原则"。什么意思?就是说,如果这个生意能得七分的利润,那我让利让到六。为什么要让?以后生意常常往来。如果你非要得八分,多得了那一分,但是以后不相往来了,这就不行。

中国古人也总结了一个词叫"无尖不商"。这个"尖",不是"奸诈"的"奸",是"小荷才露尖尖角"的"尖"。什么意思呢?过去卖粮用斗和升，粮称好了，你拿走之前，粮商还要抓一把粮放上去，它会露出一个尖儿。久而久之，形成一个规矩，叫无尖不商，做米生意的都懂这个基本规矩，要让人一把米。因为米很珍贵，用公平秤称完，还要堆一个尖儿上来，以后人家愿意再来买。

中国古代商人都知道这一点，而我们今天的人呢？求一时之成功、一时之便宜、一时之得失，却不知道已经为失败埋下祸根。尤其当小人获得这种成功以后，他会变本加厉，因为"小人欲利"，一旦利益求到，他会继续妄求。这次我得手了，下次还想得手，不想撒手，甚至人生观会发生扭曲。他认为钱就是这么挣的，就是不劳而获的，不需要再去流着汗水挣钱了。

古人告诫过这个事："得乎道而喜，其喜曷已；得乎欲而喜，悲可立俟。"做生意也好，做事业也好，如果依道而行，获得成功，获得喜悦，这种喜悦怎么会终止呢？这会变成他的人生观、价值观，会反复为之，会鼓励他。比如，"积善之家，必有余庆"，如果发现孩子越来越好，就会继续努力积善，这个家族会悠远绵长。

反过来，"得乎欲而喜"，在欲望中获得满足而产生喜悦，悲惨的命运已经在旁边等着他，因为接下来会欲上加欲，欲令智昏，欲壑难填，最后失去理智，铤而走险。举个例子，一个小人意外得了3个亿，这个钱是敲诈来的，他以后还会想着敲诈。但他没想到的是，人外有人，山外有山，敲诈来的3个亿被别人给诈走了，结果一夜回到解放前。你能骗别人，别人也会骗你。你把别人的钱骗过来，你还得还回去。"货悖而入者，亦悖而出"，所以"悲可立俟"。

当财产失去的时候你很痛苦，为什么痛苦？因为你把利看得过重了。这是小人的命运。所以，小人即使成功，也是守不住的，随之而来的是大失败、大溃败，要特别小心。

君子不是不看重利益，是不把利益看得最高，而且不义之财他不取。"不义而富且贵，于我如浮云"，这是君子的追求。如果钱财是不义之财，就像浮云一样，守不住，我不能要。子曰："君子谋道不谋食。耕也，馁在其中矣；学也，禄在其中矣。君子忧道不忧贫。"这是君子的追求！

孔子说，一个真正有学问、以天下国家为己任的君子，他只忧患道不行，并不考虑个人的贫贱与富贵。他只问耕耘不问收获，他只考虑修身做得好不好，并不担心自己是否贫贱。"君子忧道不忧贫"，忧什么道？忧自己是否以道修身，忧有没有大道行天下，因为他知道，如果天下没有行道，社会会出问题。如果天下有道，即使我个人暂时贫困，之后也会富裕；如果天下无道，即使我个人暂时富有，最后也保不住。

孔子说："邦无道，富且贵焉，耻也。"天下没有大道，我个人过着富贵的生活，这让人觉得可耻。第一是为富贵不能长保，第二是为心中失去了仁爱。所以，"君子忧道不忧贫"，他追求的是大道行天下，共同富裕，共同幸福，并不在乎个人一时的贫贱。为什么不在乎？不是他爱唱高调，而是他看明白道了，把道视为人生的最高追求。

大家要明白，这里有更深的原理，不是说这些君子都是怪人，不考虑吃饭穿衣，只忧道不忧贫。他们是什么人呢？看到了道和整个社会前途命运的关系，关注这个，他抓大放小，能够以重为重，把轻先避开。

如何做君子

前面讲了这么多，我们回到一个根本问题——如何做君子？怎么成为君子？这在《论语》中也做了很多讲解，我们继续看书中怎么说的。

> 君子有三畏：畏天命，畏大人，畏圣人之言。小人不知天命而不畏也，狎大人，侮圣人之言。

做君子，首先有三畏。第一畏，畏天命。天命是一个很玄的概念，大到天下，国运时运，小到个人的命运，都有天命在里面。如果天命跟时代相对接，就是人心。古人说："天听寂无音，苍苍何处寻。非高亦非远，都只在人心。"从人心的向背能看出天命。

第二畏，畏大人。大人是什么人？为民请命的人，引领时代的人，大君子。

第三畏，畏圣人之言。对圣贤经典敬畏，小心学习，而不敢轻慢诋毁，这是君子思想境界所决定的。

小人呢？因为没有这么高的知见，不知天命而不畏也，他不知道有天命这码事，不知道有天道、人心、国运，没有思考过这个话题。"狎大人"，对那些时代担当者、引领者，看不惯就轻慢，读不懂却自以为是。拿着自己的小长处和别人比，比如身边有人不会说普通话，字音咬错了，就觉得没有自己普通话说得好。你普通话固然说得好，但你要看人家为社会做了什么，你又为社会做了什么。所以，小人经常"狎一技而慢天下"，凭着一技之长而傲慢于天下，却没有想过要为社会做什么。

最可怕的是什么？侮圣人之言。侮慢、轻慢圣人。为什么要尊敬圣人？圣人是经过历史的见证，是被公认的。圣人有多重要？"天不生仲尼，万古如长夜。"大家想一想，我们哪个人能配得上这样的历史评价？既然配不上，又怎敢轻慢呢？

去年，我们去孔子家乡尼山讲课，看到孔子圣像高高耸立，我很感慨。我童年的时候，孔子像被推倒，石碑被砸断。当时，很多人觉得自己很厉害，可以践踏孔子。转眼不到五十年，孔子像又被立起来了。

当年那些推倒圣像、砸断石碑的人，内心做何感想？好意思站出来吗？都成了历史的小丑。所以，在历史的长河中，看看自己是谁？侮圣人之言，不会对圣人有任何折损，却会耽误自己的身家性命。不信，看看自己的儿孙。你用什么来教儿孙？你说圣人孝道是愚孝，圣人忠诚于国家是愚忠。那么，你就培养一个不孝不忠的孩子，看你晚年怎么办？看谁做空巢老人？你在嘲笑圣人的时候，已经给自己挖了一个大坑！这就是小人犯的错误。

想做君子，先修"三畏"。畏天命，畏大人，畏圣人之言。从这里开始学做君子。在企业中畏谁呀？畏董事长，畏总裁。好好敬畏人家，企业能做得这么好。你是新来的，尽管你可能是高工、技术能手，但是让你去做，你也做不出来。对董事长、总裁敬畏，这也叫"畏大人"。

君子博学于文，约之于礼，亦可以弗畔矣夫！

君子，要广泛地学习文化典籍，用礼来约束自己，不离经叛道。大家注意看，前八个字很重要，做君子的八个字：博学于文，约之于礼。

君子和小人是智和愚的差别。所以，要开启智慧。开启谁的智慧？自己的。怎么开启？"博学于文"，你不读书、不听课、不学习，怎能开启智慧？不开启智慧，怎能做君子啊！君子是智者，智者堪为君子。我们为什么做不成君子？因为智慧不够。

学了文化，怎么证明你学懂了、学对了？"约之以礼"。约束谁？自己。学完《了凡四训》《弟子规》，你不拿来约束自己，怎能知道自己学会学懂了？你是为谁学呢？学的都是知识和概念，能改变自己的命运吗？"我读了好多经典"，以此为傲。你是读了很多经典，哪一句做到了？

所以，"博学于文，约之以礼"，两步联合起来，就明白经典的真正含义了，你离君子就很近了。

君子是能约束自己的人，不是任性的人，是有理想追求的人，是有正确人生方向的人，不是糊涂人。为什么约之以礼？因为他要改变自己的命运，他可不是自我折磨。而那些所谓有个性、任性的人，其实是不知道未来在哪里，只能选择这种方式。一时的好看，一时的风光，后面都是非常坎坷的路啊！

　　质胜文则野，文胜质则史。文质彬彬，然后君子。

这段话怎么理解？质朴如果多于文采，就难免显得粗野；文采超过了质朴，又难免流于虚浮。文采和质朴完美地结合起来，这就像君子。也就是说，内在要有一颗非常纯真、淳厚的心，外在还要人情练达，语言表达上要有一些文辞的功夫。

只有好心不行，和人往来，你的动作幅度过大，言语说得过重，别人承受不了。虽然是好心却没办成好事，别人不理解你、误解你，这样也不行。话说得好听，可是你的心不够纯正善良，别人一看，原来你是忽悠我们的，不是真心话，这样也不行。

怎么办？"文质彬彬，然后君子。"怎么做君子？你的心性和外在的行为言语合一，能为别人着想，这就是君子的体现。

　　君子食无求饱，居无求安，敏于事而慎于言，就有道而正焉，可谓好学也已。

吃饭，不追求过度饱足；居住，也不追求过度安逸；对工作很勤奋、很敏捷，说话却很谨慎；愿意亲近那些有道德学问的人，并向人家学习，学习正道，建立正见，并及时纠正自己的缺点，这就是君子的好学之风。

这里讲了六件事，前面两件事，讲在吃饭和居住上不要太奢华，不要太挑剔，差不多就行。后面四件事：做事很勤奋，说话很谨慎；最关键的是什么？愿意亲近那些有道德的人，愿意向他们学习，而且愿意改正自己的缺点。"亲近有德者，是为最吉祥。""能亲人，无限好。德日进，过日少。"这样就成为君子了。好学，不仅是年少时好学，而且是一生好学，这就有了君子之风。

比一比，这个标准离我们还有多远？我们是否要向这样的君子靠近一些？君子六件事说完了，再往下看。

君子讷于言而敏于行。

"讷于言"什么意思？不是不说话，而是说话很谨慎、很庄重，不乱说话。而在行为上，反应很敏捷。"父母呼，应勿缓；父母命，行勿懒。父母教，须敬听；父母责，须顺承。"这叫"敏于行""应勿缓""行勿懒"。出言三思，这话当说不当说？是不是必须得说？君子说话，有一个特征是只说必须要说的话，其他一概删除。

所以，我们从一个人的话风，能看出这个人是不是越来越靠近君子。君子出言慎重，能少一句是一句，不乱说话，他说的话都是有意义的，都是有利于人的，更不会说那些挑拨是非的话和恶语脏话，这都不是君子之所言。"君子讷于言"不代表沉默，代表对语言把握运用得很准确。

人不知而不愠，不亦君子乎？

人家不了解我，我却不恼怒，这不就是君子吗？对呀。为什么说这是君子？大家看，如果人不知而愠，这说明你在求名、求认可。求名求认可，那是君子吗？君子做事，既考虑自己的道德修养，还考虑怎么去利益他人，君子的心思是在这个点上，并不追求你来赞美我、你来认可我，甚至"闻誉恐，闻过欣"，你赞美我，我内心还觉得实不敢当，过奖了。

我们读过王阳明先生的传记，王阳明先生说："我不以落地为耻，以落地动心为耻。"前不久，我们学校刚好做了一个"立德树人"的成果展，展出得相对还不错，也有些校长和老师赞美我，后来我就拿了这句话来自我警醒。我要学前人，别人赞美你不能回避，毕竟是在那个场合，但以听到赞美心动为耻。

所以，君子为什么可以"人不知而不愠"？因为他不求别人了解我，他求的是众人皆能明道，众人皆能走向光明幸福。成功不必在我，大家是否认识我不重要，大家是否认可我不重要。什么重要？大家都过得好才重要。所以，即使你不了解我，我也不恼怒。他的心思不在这点上挂碍。如果在这点上挂碍，说明他是一个求名之人，已经偏离了君子。即使像君子，实际不是真君子。

大家一定要想明白，真君子是智者，他有正确的人生追求，他不浪费时间在名利上。名利可以有，拿来用就好了，但是不沾身。他的追求是内在"明明德"，外在"亲民""止于至善"，有这个追求才敢说是君子。君子不容易，内心是光明的，所以能够"泰而不骄"。

为什么"不骄"？他本来就不需要"骄"，他不求这个东西。那为什么会"骄"？"骄"就是有求啊，看我多厉害，看我多有钱，看我多有名。可你能挺住吗？你的名声是很大，可你知道名利对人的考验吗？你经受过这种训练吗？你在名利场上感叹："哎呀，我的粉丝20万了，我的粉丝100万、300万了。"500万、800万都很好，关键是你的内心能否承受得住？承受不住，你快乐吗？"花开花落，已不远矣"，你要小心啊！

为什么圣人能留万世之名，而我们一年的名都挺不住？这是心性的差别，也是理想和人生追求的差别。"求名者，未必得长名；不求名者，未必无名。"所以，君子自然是"人不知而不愠"，大家可以拿这话来自我约束。你是否能"人不知而不愠"？如果能，你越来越靠近君子。如果你"人不知而愠"，恼怒地说："我这么有名，我讲课讲这么好，你都不了解我，你怠慢我。"坏了，你不是真君子，你还糊涂呢，需要继续博之以文，继续学习。

君子有九思：视思明，听思聪，色思温，貌思恭，言思忠，事思敬，疑思问，忿思难，见得思义。

这九条是关于君子的实操，怎么做呢？

"视思明"——看一件事，看明白没有？没有看明白，不要轻易去传。没有看懂，只会在表面看热闹。外行看热闹，内行才看门道，没有看懂，不要轻易下结论。

"听思聪"——你听清楚了没有？只听一个人说，还是"兼听"？"兼听则明"啊！不能只听一个人说就马上下结论。

"色思温"——和人往来，你的言语神态是否温和？尤其是对你的领导、父母，长辈，更要"色思温"。孔子讲孝道，最难的是什么？"色难。"我们跟父母说话，能不能"怡吾色，柔吾声"？能不能"父母命，行勿懒。父母教，须敬听；父母责，须顺承"？这都是"色思温"，你能做到，就是君子。如果你张口就顶人，脾气马上来了，离君子还很遥远。君子有"温良恭俭让"之风范。

"貌思恭"——对他人有恭敬的神态。读经典，要心存恭敬；见着孔子的相，见着伟人相，要心存恭敬；开国元勋在这儿屹立，没有他们就没有我们，要心存恭敬；清明节去给烈士献花，要心存恭敬，要静默哀思。

"言思忠"——言语要讲诚信。君子重诺；反过来说，重诺者君子。你不重诺，说明你本身不是君子。真正愿意当君子的人，自爱自重的人，都很重诺言。从一个人是否重诺言，能看出他是不是君子。这条可以用来互相判断，既能判断我们自己，也可以判断他人。可以拿一个诺言来试一试，大家是否在诺言上坚守，哪怕一个小事，也能说到做到。

"事思敬"——做事很敬业，很投入，很谨慎。"业精于勤而荒于嬉，行成于思而毁于随。"一件事情为什么能做成？勤奋。为什么会败掉？因为不认真，嬉闹。

"疑思问"——内心有困惑了，要向高人请教。"吾尝终日而思矣，不如须臾之所学也。"要去看书，老是自己问自己，问不出答案来的。要不耻下问，肯做学生，不会就是不会，"知之为知之，不知为不知"。明明有疑问还不肯问，到最后疑问越来越大，把人生都给耽误了。

"忿思难"——有了怒火、脾气，还要考虑这个事情怎么处理更妥当，能够把控自己的情绪，在情绪中依然为自己的言语负责，为自己的决策负责，这就是君子。君子也和我们一样是普通人，不代表他没有脾气，他也会有愤怒的时候，但即便愤怒，也能进退有度。你来侵犯我，你来骚扰我，我很愤怒，但是愤怒归愤怒，我依然保持理性，妥善处理这个事情，有理有节，让你折服，最终让事实证明，我是对的。

"忿思难"，每当遇到这种让人愤怒的事，不是简单的火冒三丈，撸起袖子跟你干，他会全盘考虑。不管外在挑战多大，不失去理智。

最后，"见得思义"——有便宜，有好处了，君子首先想的是"义"。该不该我得，该得我得，不义之财绝不能得，"不义而富且贵，于我如浮云"。

这九条都做到，那是君子。所以，怎么做君子？就这样去练，去知行合一。做事的时候，"视思明，听思聪，色思温，貌思恭，言思忠，事思敬，疑思问，忿思难，见得思义"。有人说，这么做是不是太累了？不是，当你习惯就好。成了习惯，你会发现内在心性发生变化了，人生发生变化了，格局发生变化了，你周围的世界全发生变化了，人脉都发生变化了。

这个世界是分层的，像一座高楼，有住在一楼的，有住在二楼的，有住在三楼、八楼、十楼的。在几层楼不是天生的，而在于个人努力。我们这样说，并不是瞧不起一般人，而是告诉你要自强不息，要做一个身在高层的人。这个高层不是说你位置高，是你的修为高。"欲穷千里目，更上一层楼"，人的视野、理想，想走向更高远，就要更上一层楼。

怎么更上一层楼？学做君子，修身，修"九思"。做惯了就会发现人生越来越美好，犯的错误越来越少，周围的世界越来越和谐。这是中国人修身的本事，《论语》教会了我们。

君子之于天下也，无适也，无莫也，义之于比。

修成武功了。什么武功？君子对于天下的事，没有规定一定要怎么做，也没有规定一定不要怎么做，而只是考虑怎么做合适就行了，他做事是灵动的、自在的。"无适也，无莫也"，处理各种事，总是很妥当，总是用最简单的方式处理最复杂的问题。不是官僚主义，不是"一刀切"，不是必须这样那样，他会用最合理的方式把问题处理好。

如果照这样来做管理、做决策，就太棒了。但这种状态是修出来的。修什么？修"三畏"、修"九思"都可以。"君子不器"，这是君子长期修习后的境界。这种人堪为大用，做事不呆板，能变通，而且变通得很到位。

达到这种境界，君子一言一行对整个时代的帮助都非常大，今天的社会也需要这样的君子。《中庸》有句话是对君子的评价，君子如果修得好，达到什么境界呢？"君子动而世为天下道，行而世为天下法，言而世为天下则。"当我们修成这样的君子，你的每一个决策、每一个思想都成为天下所行的大道；你的每一个行为都为天下人所效仿；你的每一个言论都成为天下人公用的准则。就像这部《论语》，它就是一部言行录，却成为天下之则，多么珍贵啊！

如果有一天我们能成为君子，我们的言语也能为儿孙所沿用，我们的行为也能被后人所效仿，我们的追求方向也能成为后人的理想，这样多好啊！这就是我们真正成为君子对社会的伟大贡献。既可以利益自己，还可以利益很多人，引导很多人向君子、向善。

04 管理智慧之以仁治世

习近平总书记说:"从历史的角度看,包括儒家思想在内的中国传统思想文化中的优秀成分,对中华文明形成并延续发展几千年而从未中断,对形成和维护中国团结统一的政治局面,对形成和巩固中国多民族和合一体的大家庭,对形成和丰富中华民族精神,对激励中华儿女维护民族独立、反抗外来侵略,对推动中国社会发展进步、促进中国社会利益和社会关系平衡,都发挥了十分重要的作用。"

这是习总书记对我们中华传统文化的高度肯定。习总书记多次强调读中国传统典籍对当代的重要作用。我身边很多朋友都是做企业运营的,回望中国传统经典,从中能获得什么重要启示呢?

古文记载:"昔圣人蕴大圣德,生不偶时,适值周室衰微,王纲失坠,君臣僭乱,礼乐崩颓。"这是对当时社会的客观描述,孔子生在这么一个时代。周室在哪里?也在河南。周室处在衰微的状态,君臣关系出现了很多错位、越位。《春秋左氏传》这样评价：春秋时代是一个礼崩乐坏的时代。《光明日报》刊文："翻开春秋时期的社会历史，不难看到其中充斥的血污和战乱。"

春秋时期，整个社会秩序非常混乱，小国家达140多个，大的国家十几个，从中诞生了后人所熟知的"春秋五霸"。圣人有大慈爱心，他会想，如何重新回归和谐秩序。儒家给出的治世之方案，一个字，叫作"仁"。今天学儒家文化，要了解这个字。

"仁"为什么能让整个社会重新回归和谐秩序呢？儒家为什么如此反复强调？"仁"到底在说什么？一个社会走向混乱，可以通过仁得到治理，那一个企业是否可以？它蕴含着怎样的道理？这里我们就通过《论语》来说一说儒家以仁治世的思想。

何为"仁"

何为"仁"？我们的理解和圣贤本来的思想是否相契合，还需要从经典中去找答案。《论语》中多次出现弟子向老师请教何为仁，叫"问仁"。看一看这些弟子如何问仁。

> 樊迟问仁，子曰："爱人。"

樊迟问什么是仁，孔子说爱人，懂得去爱别人，就这么简单。

颜渊问仁。子曰:"克己复礼为仁。一日克己复礼,天下归仁焉。为仁由己,而由人乎哉?"颜渊曰:"请问其目。"子曰:"非礼勿视,非礼勿听,非礼勿言,非礼勿动。"颜渊曰:"回虽不敏,请事斯语矣。"

颜渊就是颜回,他向老师请教什么是仁,老师简单回答四个字,克己复礼就是仁。如果能做到克己复礼,天下人都会慢慢回到仁。能不能仁,要靠自己努力,怎能靠人来强迫呢?

颜渊又请教老师具体怎么做,老师说,"非礼勿视,非礼勿听,非礼勿言,非礼勿动",做到这四个标准就是仁。颜渊说,我虽然不是很聪明,但请让我照此去做吧。颜回非常听老师的话,成为"不贰过"的弟子。

克己复礼为仁,"克己"克的是什么?第一,克的是你的欲望。我们每个人都会有欲望,当欲望启动,它就会伤害别人。第二,克的是你的嗔恨、怨恨情绪。不管是对家人还是同事,当你起了情绪,能不能有所克制,不因怒火伤害他们。

那么,欲望和情绪要克制到什么地步?古人提出一个要求叫"礼",礼就是标准,达到这个标准就算克己,就算是仁。具体怎么做?非礼勿视,非礼勿听,非礼勿言,非礼勿动。不符合礼的,越界的,会伤害人的,不要去看,不要去听,不要去说,不要去做。凡是有所言、有所行、有所视、有所思的时候,都要看看对他人有没有伤害,对他人会不会失礼。

仁和礼，是一表一里，礼是外在的法度，仁是内在的心性。仁，从爱人延伸到克己复礼，是一个意思传下来的。

仲弓问仁。子曰："出门如见大宾，使民如承大祭。己所不欲，勿施于人。在邦无怨，在家无怨。"仲弓曰："雍虽不敏，请事斯语矣。"

仲弓问什么是仁，老师说："你要出门的时候，就好像去见一个高贵的宾客一样。给民众安排工作时，就像要承办重大祭典一样，对民众要尊敬。自己不喜欢不想要的，不要强加给别人。到朝堂上，内心没有抱怨，回到家中，对待家人也没有抱怨。"仲弓说："我冉雍虽然不聪明，但请让我按此去做吧。"

在这里，核心有八个字，叫"己所不欲，勿施于人"。这就是仁。自己不想要的，也不要强加给别人。比如晚上睡觉，不希望隔壁邻居大声喧哗，那自己也不要大声喧哗，吵到邻居；不希望别人在背后搬弄你的是非，那你也不要在背后搬弄别人的是非。但凡做事，先换位思考，事事想到"己所不欲，勿施于人"，这就是仁。

司马牛问仁。子曰："仁者，其言也讱。"曰："其言也讱，斯谓之仁已乎？"子曰："为之难，言之得无讱乎？"

司马牛有些莽撞，做事粗率，他问老师什么是仁，老师就按照他的性格回答说:"仁就是言语要谨慎。"司马牛说:"言语谨慎,这就称作仁了吗?"老师说:"说起来简单,做起来很难,你怎能不谨慎呢?"

仁是什么,出言要谨慎,古文叫"其言也讱"。大家会发现夫妻之间、同事之间、君臣之间,伤害往往从言语开始。出言谨慎不容易,就像我在这里讲课,一不小心就可能伤害到哪一个线下听课的朋友,一不小心言语就可能不合于道。所以,当你仔细思量,每说一句话都为别人考虑时,你就知道出言谨慎是多么不容易做到。

有人说,仁就是心眼好、心肠好,我是刀子嘴豆腐心。豆腐心怎么会有刀子嘴呢?这不是自欺欺人吗?你如果真是豆腐心,应该是豆腐嘴,你口下都不留情,你的心怎么会柔软呢?不过是给自己找借口罢了。见言语可知心,不是嘴上没想到,是心里没想到,言语才这么锋利,才不肯忍让。现在有一个词叫"怼",这词挺好,上面是"对",下面是"心",在年轻人当中挺流行。不行,我拿话怼你——你拿话怼别人,别人就拿事来办你,你试试啥滋味。

有这样一个事例,某银行的人力资源经理跟我诉苦:"老师,我不明白,有一次我面试一个大学生,新闻系的,我就问他,你学新闻的,听说过今年年度最美女教师的故事吗?那个年轻人说:'有关政治的新闻我一个也不看。'"经理一听,话音不对,带着火药来的,也不客气地说:"我们是国有企业,不看政治新闻的年轻人,我们一个也不收。"年轻人直接给退回去了。

这位经理说:"老师,我也没伤着他,我就问他一个问题,知不知道这个新闻,他怼我干啥?"我说:"你原谅他,他不是专门怼你,他见谁都怼,关键是他不知道自己哪里输了。"年轻人晚上回家,妈妈问,你面试怎么样?他说:"失败了。""为啥失败了?""挺奇怪,不好好考我试,非要问我什么政治性的新闻,我就告诉他我不看,他就把我退了。"

很多年轻人为什么那么郁闷?谋事而不得,求人而不成,却不知道哪里错了。过去的孩子从七八岁开始学什么?洒扫应对进退。其中,应对之学就是教你如何说话。八九岁开始练如何说话,而现在我们是二十八九岁也不会说话,导致人际关系很痛苦。孔子说,什么是仁?在言语上能让别人喜悦,出言很谨慎,说话总能替别人着想,这就是仁。

子张问仁于孔子。孔子曰:"能行五者于天下,为仁矣。""请问之。"曰:"恭、宽、信、敏、惠。恭则不侮,宽则得众,信则人任焉,敏则有功,惠则足以使人。"

子张问什么是仁。孔子说,能在天下实行五种美德,就是仁。哪五种?恭、宽、信、敏、惠。这五种做到了,就是仁。恭敬、宽厚、诚信、勤敏、慈惠。恭敬别人,就不会招致侮辱。就像前面那个例子,人家没惹你,为什么拿话怼人?宽厚就会得到众人的拥护。如前面所讲的,员工刚来,免不了有过错,帮他、提点他、鼓励他,员工最后很拥护你,"信则人任焉"。如果你讲诚信,别人就会信任你，就会委以重任，因为你值得重托。"敏则有功"，凡事勤勉，勉于行，就会把工作做得很好，做出很好的业绩。"惠则足以使人"，对人很慈爱，给人好处和帮助，就可以引领和带动人。

其实，这五者就是在谈管理。"恭则不侮，宽则得众，信则人任焉，敏则有功，惠则足以使人。"管理不就是这么一回事吗？想让员工听你的话，该怎么办？得让员工获得幸福。做事勤奋才能出业绩，讲诚信才会被人信任，宽厚待人才能得到拥护，这都是仁。

樊迟问仁，曰："仁者先难而后获，可谓仁矣。"

樊迟又来问什么叫仁，老师回答说，首先要付出艰苦的努力，获得了什么而又不去计较，这可以说是仁。

河南的赵老师曾带我去许昌当地的知名企业胖东来，我在准备课程的时候看到这句话特别感慨。胖东来不就是先难而后获吗？早先时难不难？难。不满意就退货退款，为顾客着想。做了很多行业其他人不敢做的事情，挑战了行业的难点痛点。二十年以后怎么样了？"而后获，可谓仁矣。"

仁在胖东来就是爱，所以他们的企业文化叫"创造爱，分享爱，传播爱"，他们企业也印证了仁爱对于企业和顾客最终的这种互相成就，使企业走向兴盛。这里关键是先难，先难这一关，能不能挺住，能不能做到？很多企业朋友看到胖东来发展得这么好，都想学它仁爱的心，你能不能做到，敢不敢相信，就颇有挑战了。你说这个仁容易吗？不容易。

> 樊迟问仁。子曰："居处恭，执事敬，与人忠。虽之夷狄，不可弃也。"

樊迟问什么是仁，孔子说："平时的生活起居要端庄恭敬，做事要严谨认真，对人要忠实诚信。即使到了偏远的地方，原则也不可废弃。"能做到这三点，就是仁。

"居处恭，执事敬，与人忠。"这都不是遥远的概念，都是我们做人做事的法则。能这样去力行，就是一个仁人。我们可以仔细体会一下，我们学传统文化，为什么觉得传统文化好学又难学呢？把传统文化当知识学，就容易学；把传统文化当人生的哲学和道理去力行，就不容易学。

有人说《论语》我知道，仁不就是"居处恭，执事敬，与人忠"吗？大家来试一试，容不容易？我也照着做，有些很难，都破不了，尽管很努力，但有些事情还是经常做漏，想不明白。这些经典，越学越觉得离我们很近，但是，离我们的心还有距离，自己没有做到的地方还有很多。

> 夫仁者，己欲立而立人，己欲达而达人。能近取譬，可谓仁之方也已。

这里对"仁"做了详细的论述。作为仁者，当你想立身立足立事的时候，首先要干什么？帮别人立身立足立事。当自己想发达的时候，先让别人发达。根据自身的情况，设身处地，去为他人着想，这就是"仁"的体现。

这个容易吗？不容易。就拿我自己来说，每年夏天会举办夏令营，教孩子们《弟子规》《孝经》。很多地方的书院、学校、培训机构都在组织夏令营，每天打开微信朋友圈会看到很多招生情况。那一瞬间，我看到我的内心世界是什么样。我做夏令营，他们也做夏令营，按照道来说，我应该是什么心呢？应该是祝福的心，希望他们都把夏令营做好。可是我反复体察，发现自己这个祝福的心经常提不起来，甚至第一念都不大对。人家如果做得好，还有点儿小嫉妒。人家如果做得不好，还会小小得意，你看怎么样，不如我吧。小傲慢，这个心都起来了。

我就想，这一辈子啊，就练两个字，练祝福。祝福都好难，尤其是和自己干一样活儿的，我讲传统文化，人家也讲传统文化，我做教育，人家也做教育，能不能祝福别人？一次一次和自己的心对话，问自己，这就是"己欲立而立人，己欲达而达人"。

你想把学校办好，人家也想把学校办好，人家办学校的时候，能不能用心帮别人把学校办好？去达人，去利人，能不能？如果能，你真的把传统文化学到家了；如果不能，你只是学了一些皮毛而已，行不起来，行不到位。可能晚上还在讲《论语》，第二天一早打开微信，又开始嫉妒和傲慢了，恨不得全天下只有自己好，别人都不好，那能是"仁"吗?

所以,仁是"己欲立而立人,己欲达而达人",是"能近取譬"。当我们自己有困难时,多么希望得到别人的鼓励呀;当我们需要帮助时,多么希望别人伸来援助之手啊。那么,今天别人也在做传统文化、做教育,能不能去帮助?如果不能帮助,能不能祝福呢?如果他做得比你大,你敢不敢去赞叹他?如果他做得一时不如你,你愿不愿意去支援他?我们常说一个人心有多大,事业才有多大。心在哪里?无处不在呀!每天都在考验我们的心。这12个字,"己欲立而立人,己欲达而达人",就挺考验人的,能做到就是仁。你说有没有挑战?到最后,孔子也感慨:

子曰:"若圣与仁,则吾岂敢?抑为之不厌,诲人不倦,则可谓云尔已矣。"公西华曰:"正唯弟子不能学也。"

这是孔子的谦逊之词。他说:"如果说到圣贤和仁爱,我怎么敢当呢?我还没有做到,我不过是朝着圣人的方向在努力而不厌倦。"孔子说,为之不厌,然后我还愿意把这种思想传达给别人,"诲人不倦",仅此而已。他说,这个"仁"我一生都在追求,追求什么呢?追求做圣人。"抑为之不厌,诲人不倦,则可谓云尔已矣。"只能这么来形容吧,更高的我还没有做到。说完,弟子也很惭愧,弟子说:"老师啊,您说的这些,正是我们作为弟子也应该努力,且还没有做到的。"

圣人为什么这么谦虚？一个原因是，当圣人向内观自己的心，知行合一时，发现人生还有很远的路要走，还有很高的境界去追求。现代人向内不观心，也没有以道理来自我约束，所以动不动就傲慢，再加上心无大志，略有所得就得意忘形，这本身是因为文化不足而造成的。所以，对于仁，圣贤说"为之不厌"，自己只是这样。

《论语》中关于"仁"有很多记载，从中选了这些来介绍，大家能大体了解"仁"是什么意思。下面，我们重点看看为什么要"仁"，为什么儒家对于"仁"这么大力倡导。

为何"仁"

仁作为一种道德、美德、功德非常重要，那它和社会治理、国家治理有什么关系？为何要仁？这是我们今天要向圣贤不断请教和学习的。我在这个问题上也是一个初学者，我把我的思考汇报给大家。

第一，爱人者，人恒爱之。

《孟子》有这样一段话："君子所以异于人者，以其存心也。君子以仁存心，以礼存心。仁者爱人，有礼者敬人。"君子和一般人存心不同，君子是以仁存心，以礼存心，凡事为别人着想，言谈举止会考虑哪个更合理、更恰当、更有分寸。

以仁存心，说的是起心动念，起心动念要动机至善。发出行为以后，还要以礼存心，举止有度，话说得很有分寸，事做得很如法，而不是放纵自己的行为。有这样的美德就是仁爱，不是我们说的妈妈爱子女，那是情感之爱。孔子所说的爱不仅是情感，还是一种仁爱。何为仁爱？就是为别人着想，考虑别人的利益，达人、成人、利人。

"有礼者敬人"，懂得礼节礼貌的人，时时能够恭敬别人。接下来两句是根本——爱人者人恒爱之，敬人者人恒敬之。如果你懂得以仁存心去爱人，别人也会来爱你；如果你懂得尊敬别人，别人也会来尊敬你。

行走于世间，为人所敬，为人所爱，这是我们人生的幸福追求。如果你被别人侮辱了，你会感到不高兴。如果没有人关心你，没有人关注你，你会感到备受冷落。你读高中，这个班有 50 个学生，因为你成绩不好，被遗忘在角落，甚至老师都记不住你的名字，你在这个班会快乐吗？所以，不被尊敬和关爱的人，他的心是痛苦的，他是不快乐的。被爱，被敬，这是每个人的基本诉求。

那么，爱与敬又是从哪里生出来的？别人为什么会爱你和敬你？起源于什么？起源于爱他人、敬他人。想获得这种"人恒爱之，人恒敬之"的生活，你必须去爱他人、敬他人。在这点上，今天的社会出现了错位和矛盾。有的朋友并不知道在平常的言谈举止中去爱他人、敬他人，却总是渴望别人爱自己、敬自己。求之不得就要反思，会反思的人会意识到是自己的过错，不会反思的人还会去指责他人。你在日常生活中并没有努力去爱人和敬人，怎么能得到别人对你的爱与敬呢？

所以，希望得到爱与敬，是人的本能；努力地爱人和敬人，才是人生的智慧。我们是否习得这样的智慧？我们是否有意地每天去践行这样的智慧？我们是否从早到晚，时时处处把敬人和爱人作为人生的信条？还是过得任性，想怼谁就怼谁？所以，"任性"这个词，说穿了就是愚痴，就是不明道，最终导致自己痛苦，求之不得的苦。尤其人到中年、到晚年，无人敬、无人爱的生活，真的是很不好过。

国外有一个黄金法则："你想人家怎样待你，你也要怎样待人。"你希望别人善待你，那你就要善待别人；你希望别人体谅你，那你就要体谅别人；当你跌倒时希望别人把你扶起来，别人跌倒时你就要把别人扶起来；当你做事业时，希望得到别人祝福，那你就要去祝福别人。打开微信，人家开业了，发个祝福；人家办课程了，发个祝福；人家结婚了，发个祝福；人家高考了，发个祝福。要形成这样的习惯，我们也希望被祝福。

还有一个白银法则：别人希望你怎样对待他们，你就怎样对待他们。这个不容易做到，胖东来就在按这个做，顾客希望你怎样对待他，你就怎样对待他，你做到了，那就是一流的服务，就是让顾客感动的服务。

为什么做不到？是心不到。欲得人爱之否？想要得到别人对我们的爱就要爱人。欲得人敬之否？希望得到别人的尊敬，就要处处尊敬别人。

给大家讲一个小故事。我并不是挑剔，我只是觉得生活中有遗憾。我们在上一届办过一个教育展,有个朋友从外地过来,找我一起探讨。我说正好我们一起来看看教育吧,正好跟他有关,我就带他去看整个展会。大家都是成年人,我亲自为他讲解,但能看出来,他有些心不在焉,不耐烦。我也是一个平常人,第一,我的教育展不是想占用你的时间,对你是有所帮助的;第二,我亲自为你服务,你为什么连这一点点尊敬都做不到呢?当然,你是无心的,无心之非,不能去挑剔。但是,当介绍完回到办公室,我想给他讲问题的时候,我就提不起那个劲儿了。我说的是这个心理,就是当他对我爱搭不理的时候,我想全力帮助他的时候,力量使不出来了。

我想尊敬你的时候,需要很大的心量去原谅你,原谅你的轻慢,原谅你的不礼貌。我原谅了才能提起心力,我再尊敬你。所以,我们这些日常的智慧真的是不足啊!各位好朋友,不知道你们是否有过这样的经历。

什么叫"欲得人敬之否"?如果你想别人把你的事重视起来,当作事办,你就要重视人家的事,这叫敬人。不要小看生活中这些小事,都是修为,小事见功夫。你的功夫到了,谈大事才谈得起来;你的功夫不到,修为不到,大家都知道谈也没用,谈也做不成,几件小事就能看出一个人的修为。所以,真正的高手都是看小事。

这不是说我下次注意的问题,这说明我们的修为差得很远。说句实话,真正的高手在一起谈话,不是摆谱,不是PK谁做了10个亿谁做了20个亿,见面看几个细节就知道彼此的修为。真正研究传统文化的人,不是看你能不能把经典倒背如流。我这次是因为要讲经典中的管理智慧，所以给大家引用了很多经典中的话，平时讲课，怕大家绕到经典里，很多文字读不懂，有畏难情绪，所以使用量都不大，怕大家听起来不欢喜，有艰涩之感。

真正研究传统文化的人，看的都是爱人和敬人的功夫，两重功夫。功夫不到，再谈其他不敢谈，因为功夫不到，就是心不到。所以，爱敬存心不容易，是需要修炼的。

由此，还有一个法则叫回归法则：你做的任何事情都会回到自己身上来，而且回来的一定比你做的要多。今天见到领导我很尊敬，明天坐高铁见到老大娘就不恭敬，不是这样的。这个爱敬存心要无不敬，敬一切人，哪怕一个三岁的孩童、八十的老翁，你都要敬。否则，这个爱敬存心不是真的，它变成一种机谋、一种钻营，不是真正的仁，变成手段了。你处处懂得敬人爱人，才会处处得到别人对你的敬和爱。它是一种修为、一种修养，并不是虚伪。

为什么要仁？这是第一点——爱人者人恒爱之。出于人际关系，出于在社会行走做事，我们要懂得爱人，需要做一个有仁爱心的人。

第二，人类是命运共同体。

人类是命运共同体，怎么理解这句话？首先，任何个体都无法离开集体而独立获得美好生活，这叫命运共同体。想获得美好生活，就必须融入集体，遵守集体法则，这个集体是家、是国、是天下。我们中国传统文化讲齐家、治国、平天下，这代表的是人类文明的进步，在家、在国家、在世界才能看到我们共同的美好，而不是个体的美好。所以，我们叫命运共同体，而不叫命运个体。

任何一个人都要学习如何融入集体，如何适应集体，如何去维护集体，爱家、爱国、爱天下。如果你不为家国天下着想，只为自己着想，违背了人类命运共同体的法则，那么对不起，你将来很难获得个人的幸福。

其次，在这个社会，强者和弱者是互相依存的，并不是淘汰制。你离不开我，我也离不开你，因此叫作命运共同体。物竞天择是不适合人类社会的，人类走到今天是因为仁，因为爱，因为互助互利。回到家中，"爷爷奶奶，你们老了，我不要你们了"，那我们将来会不会老？"哎呀，孩子太小了，太累了，不生孩子了。"那我们老了，谁来照顾我们呢？怎么会有这么错误的想法呢？

即使你在社会上是强者，是精英阶层，也离不开所谓的"弱者"。这个"弱者"打了引号，因为彼此是互相依存的。如果强者总是去侵犯、践踏弱者的利益，未来谁都好不了，一定要小心。这叫人类命运共同体。

经典讲："此有故彼有，此生故彼生，此无故彼无，此灭故彼灭。"是相互依存在一起的，强弱也是同样。这个社会只剩下强者，再也没有弱者了，这是好事还是坏事？会有这样的社会吗？所以，凡是抱有这样思想的国家都非常危险，不明理不明道，我们一定要高度强调和倡导人类命运共同体的思想。如果你是强者，你的责任是去帮助那些弱者，而不是去欺侮他们。如果你是发达国家，你的责任是帮助那些落后国家，而不是去侵犯他们的利益，因为人类是命运共同体。

中国在春秋战国时期就有了这样的思想。《荀子·哀公》记载，孔子曰："且丘闻之，君者，舟也；庶人者，水也。水则载舟，水则覆舟。君以此思危，则危将焉而不至矣？"这话距离现在多少年？2000多年。中国人在那个时候就懂得了这样一个道理，水和舟也是命运共同体。"君以此思危"，居安思危。作为君，不可以践踏民的利益；否则，水能载舟，也能覆舟。

春秋战国时期出现这么多战乱，就是因为很多君并不知道这个危险，所以儒家提出仁政。仁政并不是简单地说君王要爱子民，实际上是告诉君王要思危。你能这样去思危，能去爱人，则危将不至。如果你不施仁政，这个国家走不远。这些话到了秦朝被验证了，秦朝建立不到20年，倒了。

后人写了《过秦论》，大家可以读读，这篇文章专门讲了秦朝为什么会覆灭。为什么会覆灭？不知道水和舟的道理。"仁政不施而攻守之势异也。"春秋战国时期，儒家已经提出这个思想，但是很多君王不知道、不相信，最后自绝其路。

由此，就知道儒家为什么这么倡导仁。尤其是那些社会精英阶层，来我们这里听课的有很多，董事长、总裁、总经理，这个道理是说给你们的。以此思危，则危将不至。如果你不懂得仁的道理，企业就很危险。

后来，孟子提出"民为贵，社稷次之，君为轻"。这句话在今天的企业怎么用？员工为贵，公司次之，董事长为轻。"惟以一人奉天下，勿以天下奉一人。"员工不是来伺候你的，你才是这个企业的大服务员，君为轻啊！所以，能重视员工、重视团队、重视人才的企业才有出路，这就是所谓的仁。仁可不是简单的一个爱心，它是一种智慧，命运共同体的智慧。

《道德经》讲得更明白："故善人者，不善人之师；不善人者，善人之资。不贵其师，不爱其资，虽智大迷，是谓要妙。"任何一个社会都有强有弱，有善有不善。那么，面对这种现象，如何道法自然，如何浑然天成？"善人者，不善人之师"，心地善良的人要去教化那些不善良的人，那些不善良的人要向心地善良的人学习；"不善人者，善人之资"，不善良的人，善良人要担当起教化的责任。员工刚入职时专业性不强，要带起来。如此，这个社会慢慢就好了。

"不贵其师，不爱其资"，整个社会不向那些善良的人学习，社会的精英阶层不去担当责任，不去帮助弱小，"虽智大迷"，看着很有智慧，其实是迷失了，整个社会方向错了。推行仁爱，做有仁爱的人，做有爱心的人。当整个社会有了仁爱的智慧，当整个社会的精英阶层担起责任，社会种种问题都能够解决。今天这个社会，不是问题太多，是肯站出来解决问题的人太少，虽智大迷！

正是有弱者，你才能挺身而出；正是升级城市，才要记住乡愁；正是有我们的孩子接受了好的教育，才要努力让更多的孩子接受更好的教育。从中我们会看到生命的力量、价值和方向。

"不爱其资"，"资"，机会，资源。社会上那些需要帮助的人，正是我们的机会和资源。我们拥有了财富和才华，用来独享吗？不是。如果这样，还是"虽智大迷"。看着很明白、很聪明，其实还迷糊着呢。

精英阶层的堕落、自私，将使整个社会走向不归路，因为深层次迷茫。我们可以看看20世纪，100年前，精英阶层在做什么？在舍生取义，在救民于水火。他们是真正的精英阶层。他们把一生献给了这个时代，为世人世代所敬仰。主席写诗说："遍地哀鸿遍地血，无非一念救苍生。"这是他们的人生追求。

我经常跟学生说："你们学军事的要学朱德元帅。朱元帅年少家贫，后来读书去了云南讲武堂，被蒋介石重用。但元帅心里有百姓、有人民，放弃了高官厚禄，上了井冈山反蒋干革命。他们心里想的是人民，而不是别人。所以，我们学他们的精神，还要学他们的智慧。他们自己有了钱，也没有忘记那些贫苦的人。"

"不善人者，善人之资"，这句话在讲什么？那些弱者、愚者，不是我们要唾弃的人，而是我们要去帮助的人，是我们的资源和机会。所以，《道德经》说："是以圣人常善救人，故无弃人；常善救物，故无弃物。""常善救人"，真正的圣人，总是积极努力地想办法去拯救每一个人，心中没有要抛弃的人。"常善救物"，用好每一个器材、器物，心中没有要抛弃的物。这就是圣人的情怀、思想。

人类命运两条线，如果以人为线，人们会走向互利，长期共存，人类会走向真正的美好。如果起步就是不仁的思想，就会形成互害的局面。互害，战争，无原则地去指斥其他国家，扰乱他国内政，这会走向集体衰亡。衰亡的前提是互害，互害的前提是不仁。人类是命运共同体，靠仁来保护。

人人利己，人人自私，地球一定难以维持，从而走向崩溃。很多有识之士很早就发现了这个问题。1988年1月2日，在巴黎召开了面向21世纪第一届诺贝尔奖获得者国际大会，75位国际著名学者和诺贝尔奖得主，探讨了21世纪科学的发展和人类面临的问题。

在新闻发布会上，瑞典科学家、1970年获得诺贝尔物理学奖的汉尼斯·阿尔文博士发表了精彩演说。他说："人类要生存下去，就必须回到25世纪之前，去汲取孔子的智慧。"向我们中国的圣人学习，学中国圣人的人类命运共同体思想，学中国圣人的仁爱思想。不然，人类会因为不仁而自掘坟墓，精英阶层会因为不仁而疯狂掠夺底层的利益，最终重蹈秦朝覆辙。

今天，很多国家的社会阶层冲突、对立，在某些大国的错误带动下，人类正在走向互害。强者恃强凌弱，虽智实迷，这要引起我们的警惕。所以，我们国家反复倡导和为贵，倡导人类命运共同体，天下一家。

那么，未来的和谐社会是什么样子？我们提出这样的追求：强者仁爱而有志，弱者自强知感恩。若能这样，这个社会多么美好！如果你生在一个幸福的家庭，读书好、学问好、能力强、企业大，那你应该仁爱而有志。不仅有爱心，而且有智慧。有智慧，还有爱心，做圣人。"常善救人，故不弃人"，做这样的人，以此为人生追求，这是你智慧的显现。如果你生在农村，没有机会读书，只能打工，不要紧，要自强不息。当国家给你福利时，要知道感恩国家，感谢那些帮助你的人、扶贫救助你的人，懂得感恩。当社会这样运行，就好办了。"强者仁爱而有志，弱者自强知感恩"，这就是命运共同体。

其实，所谓谁是强者谁是弱者，是经常转换的。从刚出生到两三岁，我们是强者还是弱者？弱者。到了中年，四十来岁，母亲老了，父亲老了，我们又变成强者了。再过三十年，我们七八十岁，又成弱者了。你会成为强者，也会成为弱者，它是变化的，所以不要得意。

1992年，邓小平在"南方谈话"中讲了一段话，非常有力量。他说："我们是社会主义国家，社会主义国家本质是解放生产力、发展生产力、消灭剥削、消除两极分化，最终达到共同富裕。"睿智的老人啊！中国追求四个字：社会主义。消灭剥削，消除两极分化，达到共同富裕，方为正道，方为大道，社会才能持续，才能长治久安。不能搞对立，不能搞分层，不能搞自私，不能搞剥削，不能搞伤害，那是一条不归路。

仁者爱人，要相亲相爱，守望幸福。所以，我们提出四个自信——道路自信、理论自信、制度自信和文化自信。我们要坚持我们的道路，我们在全世界提出了我们的思想"社会主义"，提出了我们的追求"共同富裕"，将来还有"共同的幸福"。这是中国人思想的凝结，这样才能长远，才能集体共享幸福。

第三，仁是心灵的幸福。

仁不仅是一种美德，也是内在心灵的幸福。相信这两年在企业使命中，践行打造和员工共同幸福的企业，一定体会过这种幸福。

当企业一心为员工着想时，一心希望员工过上好日子时，我们自身会感觉很幸福、很美好，会觉得很有力量、很温暖，做起事来很有价值。

《论语》有这样一段话，子曰："不仁者不可以久处约，不可以长处乐。仁者安仁，知者利仁。"没有仁德的人，不能长久安于贫困，也不能长久处于快乐。而有仁德的人，长期安于这种仁爱、这种精神情怀；有智慧的人，知道仁是有利的，愿意长期坚守仁、奉行仁。

这段话的核心有八个字，叫"仁者安仁，知者利仁"。那些内心有仁爱的人，会安守于仁爱，因为这种安守是一种幸福的状态。那些有智慧的人，积极投身于仁爱，因为他有智慧，他乐在其中，这是一种心灵的养护，一种美好的状态。在生活中我们会发现，仁爱其实是一种欢喜，而自私是一种烦恼。当你在高铁上帮一位老人拎箱子送上行李架，内心会有一种小欢喜。当你成人之美，内心会有很多快乐。

子曰："苟志于仁矣，无恶也。"如果立志追求仁德，你一辈子不会去做坏事，甚至到最后你不愿意做坏事，不想做坏事，坏事做起来内心就觉得不安、不舒服。我不知道各位好朋友有没有过这样的感受，偶然一不小心做点儿坏事，内心可难受了，急忙去反思、忏悔、反省。追求仁德的人，不喜欢做坏事，不愿意做了，因为发现坏事在伤害着自己的心，而好事在养护着自己的心。他以追求仁德为人生的追求，以追求仁德为人生的幸福。

反之，会怎么样呢？把这段话送给大家：少年若不养护自己的仁爱之心，就会慢慢失去感知生命、享受生命的能力，人生必将走向虚假、黑暗与痛苦。

我们学校在做心性教育，这是心性教育的核心话语。很多孩子为什么到了初中、高中产生了不快乐、厌学，甚至要结束生命的情绪和行为？为什么那么多痛苦？他们从上学起，老师和家长并没有着力去养护他们的仁爱之心。而一个孩子，在年少时仁爱的心如果没有被养护，那这个孩子感知生命、享受生命的能力就会慢慢萎缩，乃至丧失。最终，这个孩子的人生会走向虚假，走向黑暗，走向痛苦。而家长又不知道什么原因——"我都是为你好，给你创造这么好的条件，还给你花钱补课。"孩子说："我不要。"

深层原因是什么？作为老师和家长不懂得生命，不了解心性，不知道幸福和快乐从哪里来。一个孩子的快乐，很大程度上来源于养护自己的仁爱之心。怎么养护这颗心？做仁爱的事情，为国家，为老师，为父母，为朋友。

我四五岁的时候，还没有上学，妈妈在生产队种地，就把我带到地里玩。我说："妈妈，我能为你做什么？"妈妈说："你拿锄头先把土松开。你不认识苗和草，我在后面拔草，你在前面松土，这样就干得快。"那时候我个子小，松土松得很快，妈妈拔草拔得很快，妈妈特别高兴，觉得我长大了，能帮妈妈锄地了。那时候妈妈要做很多活儿，很多事我都记不住了，但不知道为什么，那件事我到现在都能想起来，想起我四五岁帮妈妈松土锄地那个场景。现在想一想，那么难忘，原因可能是我第一次为妈妈做大事，干一个重活儿，重体力活儿。那一天锄了很多地，我也很累，但是觉得很开心，觉得自己长大了，能为家里做事了，这个记忆就很难忘。

我们做教育也是，很注重培养孩子的仁爱心，然后你就发现孩子活得很真实、很快乐，活得朝气蓬勃。这次来参展的朋友说，你们学校的孩子很绽放。知道他们为什么绽放吗？因为他们从上学起，老师和家长一直在培养他们的仁爱之心。如果你了解生命的密码，就会知道为什么这么做。凡是被养护过仁爱之心的孩子都很绽放。凡是被大量课业给累倒，心走向萎缩的孩子都不快乐，甚至慢慢不能感知他人，甚至不能享受生命，很痛苦。其实，主要还是大人没给他们创造机会。

教育到底是什么？这是值得我们思考的。如果我们对生命、对命运不了解，谈教育恐怕一谈就错。我们说，孩子，你为啥不快乐？为什么辍学？他必然不快乐，必然辍学，是我们误操作造成的。

我记得南怀瑾先生在《论语别裁》中曾经预言过这个世纪的事，他说："20 世纪威胁人类的是癌症，我想 21 世纪一定是精神疾病。"这话是真的，精神病问题将来会越来越严峻。物质文明虽进步，给人类带来许多生活上的方便，但并没有为人类带来幸福，反而带来更多心灵上的痛苦。这种痛苦又会导致心理变态、精神分裂等各种精神疾病。

物质发达了，为什么精神疾病会如此高速地爆发？原因有很多，其中有一个最根本的原因：现代人不愿意花时间去养护仁爱心了，不重视仁，不重视爱人和敬人，我们对儒家思想没有真正地继承。为什么在我们小的时候，农村没有什么精神疾病？我记得那时候邻里是相亲相爱的，我们家里做了什么好吃的，我都要盛一碗送到邻居家，这是妈妈教我的。那时，我跟奶奶说一句错话都是要挨打的，从小父母教我们怎么尊敬别人。在父母的不断教导下，我们的心理茁壮地成长起来了。

今天我们到底失去了什么？我们对于近在咫尺的中华文化到底理解多少？运用了多少？不仅是少年，我们成年人有没有着力去好好养护自己的这颗仁爱之心？为什么有那么多烦恼？心为什么走不出黑暗的世界？怎么去感知这个世界的美好？这是我们要去反思的。

"天不生仲尼，万古如长夜"，长夜就是黑暗，没有圣人，没有这颗仁爱心的传承，我们只能生活在黑暗的世界。一个热爱文明仁爱的古老民族，经历了40多年奋斗之后，物质终于发达了，精神世界又遭遇新的挑战。我们需要回头，向历史找答案，向圣贤求教。即使有了钱，成了精英阶层，却只是把幸福寄寓在豪车、名包、名表上，又怎么会有长久的快乐？

为什么仁，这里讲了三点。第一，爱人者人恒爱之，所以我们需要仁；第二，人类是命运共同体，失去了仁，我们一定会走向互害，走向不归路；第三，没有这颗仁爱的心，我们的烦恼会不断增加，精神疾病将难以遏制，幸福就和我们说再见了。

如何"仁"

如何做到仁？

第一，克己复礼。欲望、情绪每个人都会有，毕竟我们都是凡夫，但是要学会克己。什么叫克己？不要去伤害别人，不要用你的欲望和情绪去伤害别人，哪怕是夫妻。夫妻可以随便吵架、随便伤害吗？越是亲近的人越不能互相伤害，这叫克己。

第二，己所不欲，勿施于人。我们自己都不喜欢的东西，强加于别人干什么？言语伤害别人，搬弄是非，出恶语，占便宜，这都不好。既然自己不喜欢，也不要这样对待别人。

第三，己欲立而立人，己欲达而达人。能够先去帮助别人，推己及人，成人之美，那是君子。

第四，恭宽信敏惠。凡事能够恭宽信敏惠，这是仁。

第五，先难而后获。不要担心，不要有畏难情绪，做就好了，一定会有收获的。不信，去看胖东来的经营。

第六，居处恭，执事敬，与人忠。行走坐卧，对人很恭敬，做事有礼敬，受人之托，忠人之事。

第七，非礼勿视，非礼勿听，非礼勿言，非礼勿动。不符合礼节的，对别人有伤害的，不为他人着想的，动机不善良的，都不可以。礼不仅是礼节和礼貌，更是人和人交往的合适的点，人家的钱财不要想，人家的便宜不要占，人家的好处不要捞，人家的事业不要嫉妒，这都属于非礼勿视、勿听、勿言、勿动的范畴，这都叫仁。

再具体一点，怎么做呢？

子曰："弟子入则孝，出则弟，谨而信，泛爱众，而亲仁，行有余力，则以学文。"

这是从仁的根本说起。怎么从小教一个孩子成为有仁爱之心的人？"入则孝，出则弟"，大家很熟悉这句话。《弟子规》讲，在家要孝敬父母，出门要尊敬师长，友爱同学，说话做事要谨慎，要言语有信，要生活起居有节。这些做好就可以推而广之，爱祖国，爱人民，"泛爱众"。然后是立志，立志以后亲仁，去亲近那些仁德之人、有大爱心的人，以他们为榜样，向他们求教。这些做好以后，学习文化专业知识，先立德，再立智，智慧的智。如果能这样，就会教出一个有仁德的孩子，乃至"圣与贤，可驯致"。

所以，仁爱心从孝开始，到爱众、亲仁、学文，这是整个仁爱心的培养过程。"孝弟也者，其为人之本与？"孝敬父母，敬爱兄长，这是仁的根本。一个人从小养护仁爱心，要从孝悌之道开始养护。否则，仁爱心起不来，不懂得为别人着想，"爱人者人恒爱之"，这句话他体会不到，人类命运共同体他也想不明白。

中国文化是从孝悌开始教孩子的，孝对尊长，悌对朋友、对兄长，这是仁爱心的根本。从这里开始修身，修仁爱。再往下：

子夏曰："贤贤易色；事父母，能竭其力；事君，能致其身；与朋友交，言而有信。虽曰未学，吾必谓之学矣。"

这里把人的根本标注好了。"贤贤易色"，看到人有学问，修养好，本事大，肃然起敬，向他靠近，叫"贤贤"。"易色"，态度要随之转变，不可轻慢待人。侍奉父母竭尽全力；对待领导能全心全意地服务；和朋友交往，说话诚实，做事恪守诚信。这样的人就算说自己没学什么，我认为他已经学得很好了。

古代看一个人的学问看这些，不是看你考多少分，看你的学历。看你事亲，事君，与朋友交往，做得怎么样。

另外，还要注意外围环境。

子曰："里仁为美。择不处仁，焉得知？"

要居住在那些有仁风的地方，和那些有仁爱的人往来。选择的住处，交往的朋友，如果都没有仁，怎能说是有智慧呢？所以，要和有仁爱的人交朋友，住到有仁爱风尚的乡村、城市，以仁为本。

"择仁而居，择友而交。"和人交往不要以利相交，他有钱我和他交往，不是。他很仁爱，所以和他交往。年轻人大学毕业，找一个什么单位？一看企业领导很仁爱，好，跟着领导干了，他不会伤害你。跟着这样的领导，选择这样的朋友。

怎么判断一个人是否仁爱？从孝悌入手。孝悌是为人之本，他对父母怎么样，对兄弟朋友怎么样。如果这个人孝悌做得不好，远离他。一个孝悌做不好的人，内在没有仁爱之心，所以要远离他，他有问题。

还要注意什么呢？

巧言令色，鲜矣仁！

一个人花言巧语，其实内在没有多少仁德，这种人要小心，说了不算，不重视自己的诺言。

如此，仁就离我们不远了。

仁远乎哉？我欲仁，斯仁至矣。

仁德离我们很远吗？不远。道不远人，"我欲仁，斯仁至矣"，我想做一个仁德的人，仁就来到身边了。

对于仁，先明其理，再行其事，以事化心，以心明理，这样来做就明白了。儒家说仁是一种幸福，是一种人际交往的智慧，是命运共同体的大智慧。然后，再去做一个仁德的人，在生活中能"己所不欲，勿施于人""克己复礼""己欲立而立人""温良恭俭让""恭宽信敏惠"这样去做，非常好，慢慢这个人就做成了。

星云大师说："管理其实就是在考验自己心中有多少慈悲与智慧。"什么是管理？管理就从这里开始。慈悲就是仁爱。仁爱都没有，不敢谈管理。

这里特别提醒大家一句话，心中没有他人的人，不适合从事企业管理，各位企业当家人一定要小心，小心，再小心。简单地说，不仁爱的人不能当管理干部，他会伤害团队和员工，特别要注意。

以前我讲过一堂管理课，叫《爱人的智慧》，管理是如何爱人的智慧。如果你不会爱你的员工，那么你不懂管理。有人辩解说："老师，我爱员工，可是把员工爱得都堕落不上进了。"这怎么叫爱呢？那叫没有智慧的爱，那不是真爱，管理是爱人的智慧。如果你不懂得爱人，不懂得仁，不适合做管理，你所带的团队一定会出问题。

所以，大家在选拔干部的时候要特别小心，注意观察，从孝悌观察起。如果不会管理，培养孝悌；培养孝悌之后，培养他的仁爱心；培养仁爱心之后，再教那些管理的术就好办了。

管理首先是一种心法，然后才是一套流程。管理的妙诀，首先须将自己的一颗心管理好。管到让自己心里有别人的存在，有大众的利益，能将自己的心管理得慈悲柔和，人我一如，以真心诚意来待人，以谦虚平等来待人，才算修满管理学的学分。

这就是前面说的，"己欲立而立人，己欲达而达人""己所不欲，勿施于人"，是一体的。管理的核心在"仁"字，由此形成企业命运共同体，形成互敬互爱，人恒敬之，人恒爱之，人人欢喜，没有烦恼，这多好！这样的企业多快乐、多幸福！